Schülergerechte Leichtathletik als Wettbewerbsform in Schule und Verein

KIDS CUP

AF192153

Michael Gerstner

Bibliografische Information der Deutschen Bibliothek

Die Deutsche Bibliothek verzeichnet diese Publikation in der Deutschen Nationalbibliographie; detaillierte bibliografische Daten sind im Internet über: http://dnb.ddb.de abrufbar.

„Herstellung und Verlag:

Books on Demand GmbH, Norderstedt"

ISBN   978 – 3 – 8391 – 1439 - 1

Titelbild:

Rebekka Krauth, Jg. 1998, LSG Aalen

Anmerkung zum Sprachgebrauch:

Aus Gründen der leichteren und flüssigeren Lesbarkeit wird die „emanzipierte" Schreibform für SchülerInnen und LehrerInnen nicht verwendet. Wenn ich deshalb im Folgenden in der maskulinen Form z.B. von Schülern spreche sind die Schülerinnen gleichermaßen gemeint und angesprochen.

Inhalt

Vorwort:

Die Leichtathletik wird zu Recht als eine Basissportart bezeichnet. Laufen als Sprint über kurze Strecken oder ausdauerndes Laufen über längere Distanzen, einbeiniges Springen in die Höhe oder Weite, Werfen und Stoßen mit unterschiedlichen Geräten usw. können in einer Körperbildung nicht fehlen. Mehr noch: Es gibt ja so etwas wie eine richtige Wurf-, eine richtige Sprung-, ja sogar eine richtige Lauftechnik, auch wenn dies eine Zeit lang völlig aus der pädagogischen Mode gekommen zu sein schien. Die Leichtathletik hält diese Techniken hoch und pflegt sie und erinnert dadurch immer wieder daran, dass es auch in solchen motorischen Grundformen Qualitätsmaßstäbe – und nicht Gleich-Gültiges angesichts häufig geforderter subjektiver Bewegungslösungen – in einer Bewegungserziehung gibt.

Auch in der Sportdidaktik und in den Lehrplänen des „Sportunterrichts" spiegelt sich die Bedeutung der Leichtathletik gleichermaßen wider. Sei es nun, dass sie als klassische Leichtathletik eingefordert wird oder aber dass sie mit „Bewegungsfeldern" – etwa als „laufen, springen, werfen" – mit entsprechenden Inhalten als Lehr-Lern-Prozess zu thematisieren ist.

Darüber hinaus ist gerade das ausdauernde Laufen aus einem gesundheitsorientierten Sport nicht (mehr) wegzudenken. Es tut dieser Feststellung keinen Abbruch, dass die Teilnehmer bei Lauf-Events über 10km, Halbmarathon oder Marathon vornehmlich schon etwas in die Jahre gekommen sind. Es ist besser, (auch) später als nie durch gesundheitsorientiertes Laufen einen aktiven (Selbst-)Beitrag zur Gesundheit zu leisten.

Meist wird die Leichtathletik als Individualsportart wahrgenommen. Es ist der einzelne Athlet, der läuft, sprintet, wirft oder stößt (oder all dies mit bewunderswerten Leistungen nacheinander tut) – und der auf dem

6

Treppchen steht (oder auch nicht). So wird die Leichtathletik auch häufig als *die* Sportart gesehen, die durch den Wettkampf gekennzeichnet ist, der den Code des Sports: Sieg oder Niederlage repräsentiert. Der medial inszenierte Starkult tut hier sein Übriges.

Muss das aber so sein?

Gut nachvollziehbar stellt Michael Gerstner bestehende leichtathletische Wettkampf- und Wettbewerbsformen für Schule und Verein dar und beurteilt sowohl übertriebenes Wettkämpfen als auch in dessen Gegenteil pervertierte Formen wie „Blödelwettbewerbe" kritisch. Seine Frage, ob in den Wettbewerben nicht zu viel Zeit durch Warten vergeudet wird, die als aktive Bewegungszeit für Heranwachsende sinnvoller zu nutzen wäre, trifft ebenso zu wie die Frage, ob bei den Blödelwettbewerben nicht eine der wichtigen Dimensionen sportlicher Aktivität – das Üben – vernachlässigt wird. Diese Fragen sind berechtigt – auch wenn man das Warten im Wettkampf (das Abrufen der Leistung „auf den Punkt genau") durchaus als eines seiner Merkmale ansehen kann und wenn man den „Spaß" aus dem Sportunterricht nicht verbannen will.

Dennoch: Mit der Entwicklung des „Kids-Cup" beschreitet Michael Gerstner einen bedenkenswerten Weg, in dem er Wettkampf und Wettbewerb, Individual- und Teamaspekte leichtathletischen Leistens zusammen zu bringen sucht. Auch wenn dieser Versuch noch nicht in allen einzelnen Aspekten als vollendet bezeichnet werden kann: diese Arbeit dokumentiert die leichtathletische Kompetenz des Verfassers und die respektable Suche nach neuen Wegen, der der Leser viele Anregungen entnehmen kann.

Schwäbisch Gmünd, 20.05.2010

Prof. Dr. Dr. Axel Horn

Einleitung

Von meiner Kindheit an habe ich selbst aktiv Leichtathletik betrieben. Das Grundlagen-, Aufbau- und Leistungstraining der Leichtathletik habe ich selbst miterlebt. Kinderleichtathletik im heutigen Sinne wurde, als ich im entsprechenden Alter war, kaum betrieben. Inzwischen habe ich mehrere Kinderleichtathletik Fortbildungen den Trainerschein und die Ausbildung zum Kampfrichter absolviert.

An der Pädagogischen Hochschule Schwäbisch Gmünd absolvierte ich das Lehramtsstudium im Fach Sport und absolvierte den Erweiterungsstudiengang Gesundheitsförderung. Während meiner Studiumszeit leitete ich den Hochschulsport in der Sportart Leichtathletik.

Seit fünf Jahren führe ich mehrmals pro Woche eine Sprint-, sowie eine Mittelstreckengruppe im Jugend- und Juniorenbereich und leitete das Training einer Kinderleichtathletikgruppe mit Kindern der ersten und zweiten Klasse.

Diese Erfahrungen, sowie meine täglichen Erlebnisse und Eindrücke mit Kindern im Sportunterricht regten zum nachdenken an.

Der Gegensatz zwischen der nicht mehr zeitgemäßen Leichtathletik in Schule und Verein und moderner Kinderleichtathletik, wie ich sie in meiner Trainerausbildung lernen durfte – hat mich bewogen, im Jahr 2007 einen schülergerechten Leichtathletikwettbewerb zu initiieren und diesen auf die örtlichen Schulen auszudehnen. Ich nahm meine Konzeption eines Wettbewerbs zum Anlass, um über Schülerleichtathletik als Wettbewerbsform meine Zulassungsarbeit zum Ersten Staatsexamen im Fach Sport zu schreiben.

In diesem Buch werde ich die aktuelle Lehrmeinung des DLV herausarbeiten und vor diesem Hintergrund die leichtathletischen Wettkampf- und Wettbewerbsformen, die in der Schule durchgeführt werden können, beschreiben. Die Bundesjugendspiele (BJS) habe ich in ihrer heutigen Wettkampfform selbst mehrere Male mit Freude und Erfolg in der Schule absolviert. Das Sportabzeichen erhielt ich im Jahr 2009 schon zum 15. Mal und die Mehrkampfnadel zum 18. Mal in Folge. Ich habe diese beiden Wettkämpfe von Kindheit an immer als tolles Erlebnis in Erinnerung. Jedes Jahr bin ich aufs Neue motiviert die Leistungen zu erbringen, die für den Erhalt eines solchen Abzeichens notwendig sind.

Um meine eigene Konzeption beim Alter der Teilnehmer schon im Voraus durch einen Begriff einzugrenzen und um gewisse Unterschiede meiner Auffassung und Konzeption eines Wettbewerbs, zu anderen aktuellen Meinungen zu verdeutlichen, wählte ich bewusst den Begriff *„schülergerechte Leichtathletik"* und nicht den weit verbreiteten Begriff der *„Kinderleichtathletik"*. Mit dem Begriff *„Schüler"* spricht man die komplette Bandbreite junger Menschen vom Kindes- bis Jugendalter an und so schließt diese Begrifflichkeit, die Umsetzung meines Wettbewerbs mit ein, bei dem jugendliche Schüler mit Wettkampferfahrung im Bereich Leichtathletik, den Wettbewerb für jüngere Schüler mitgestaltet und durchgeführt haben. Auch für die Definition der Zielgruppe, nämlich alle Schüler und nicht nur sportlich begabte Kinder oder Vereinssportler, die mit diesem Wettbewerb angesprochen werden sollen passt dieser Name treffender. Denn mit dem Begriff *„Kinderleichtathletik"* grenzt man allein durch den Namen die Zielgruppe auf das Kindesalter ein.

Problemdarstellung

Die Leichtathletik ist als Traditionssportart seit langer Zeit im Fächerkanon der Sportarten an Schulen verankert. Sie ist eine der großen Individualsportarten und hat als solche schon immer einen festen Platz in den Richtlinien und Lehrplänen der Schulen. Das schwindende Interesse an dieser Sportart, sowohl in der Schule als auch im Verein, das nun schon über Jahrzehnte anhält, muss mit Sorge betrachtet werden, weil die Leichtathletik einen wesentlichen Beitrag im Rahmen der motorischen Entwicklung von Kindern und Jugendlichen zu leisten vermag. Aus diesem und vielen weiteren Gründen, die in diesem Buch im Folgenden erörtert werden, ist es erforderlich die Leichtathletik wieder in einer, für die heutige junge Generation angepassten Form, in Schule und Verein anzubieten. Die aufgekommene Vielfalt von Sportarten und die neuen actiongeladenen Sportangebote sind ein Grund für den starken Rückgang. Hier muss es der Leichtathletik gelingen, trotz des konkurrierenden Angebots anderer Sportarten die jungen Menschen wieder in ihren Bann zu ziehen.

Während Kirsch 1974 schreibt: *„Der Jugendausschuss des DLV [Deutscher Leichtathletik-Verband] hat schon auf seiner Pfungstädter Tagung 1952 einen ersten Versuch unternommen, neben dem offiziellen Wettkampfprogramm für Schüler und Jugendliche weitere, dem Entwicklungsstand der jeweiligen Alterstufe entsprechende Formen einzuführen"* (Kirsch, 1974, S.11) und seit Mitte der 70iger Jahre weitere Forderungen aufkommen, dass man in der Schule Wettkampfformen benötigt, die jedem Schüler die Chance auf Erfolg geben und bei denen die Schwächeren nicht bloßgestellt werden, muss man trotz verschiedenen Tagungen der Verbände und Kritik einiger Sportwissenschaftler sagen, dass bis Anfang der 80iger Jahre sich nichts Elementares bewegt hat. Erst ab dieser Zeit lassen sich erste Ansätze erkennen, diese Sportart didaktisch neu aufzuarbeiten (vgl. BALZ 1980 & 1992; Frey 1984). Als einen Wendepunkt oder den Durchbruch für Neuerungen in der Kinderleichtathletik kann das Ludwigsburger Sportforum von 1990 gesehen werden (vgl. Schiele/Eberle/Frey/Kromer 1990). Doch bis die ersten Neuerungen flächendeckend bei den Kindern in der Schule angekommen waren, vergingen nochmals einige Jahre.

Mit dem Band *„Leichtathletik in der Schule"* startete der DLV eine Schuloffensive mit so genannten Rezeptbausteinen, also Unterrichtsbeispielen für den Sportunterricht im Bereich Kinderleichtathletik. Diesem Vorreiter folgend kamen erste Änderungen und Neukonzeptionen bei Schulwettbewerben wie den *Bundesjugendspielen (BJS), Jugend Trainiert für Olympia (JTFO)* oder *Fun in Athletics*. Diese Wettkämpfe und Wettbewerbe stehen heute für die neue Form der Leichtathletik im Kinder- und Jugendbereich.

Der Bereich der Schulsport- und Vereinswettkämpfe und -wettbewerbe wird in diesem Buch näher betrachtet, denn der Wetteifer ist ein wesentliches Merkmal, welches die Leichtathletik ausmacht. Der Reiz, sich mit anderen zu messen und motiviert ein Ziel zu erreichen, steckt in fast allen Kindern. Denn Schüler wollen sich nicht nur bewegen, sie möchten auch einen Sinn darin sehen. Diese Sinnhaftigkeit zieht immer eine Motivation nach sich und diese erfahren Kinder nur durch das Herausfordern und Wetteifern und somit in verschiedenen Formen von Wettbewerben und Wettkämpfen.

> „Der traditionelle Dreikampf mit Sprint, Weitsprung und
> Weitwurf hat für viele an Reiz verloren. Da Wettkämpfe
> andererseits die Höhepunkte sportlichen Tuns darstellen
> und mit ihrer Attraktivität immer auch die Attraktivität der
> Sportart selbst auf dem Spiel steht, muß ein ernsthaftes
> Interesse daran bestehen, das Wettkampfangebot zu
> verbessern". (Katzenbogener & Medler, 1993, S.152)

Frey formuliert es so, dass das Wettkampfprogramm der Schülerklassen
ein „Drei-Disziplinen-08/15-Angebot" ist (Frey, 1990, S. 34). Dies führte
dazu, dass das Interesse an der Leichtathletik immer mehr fällt, was
stark sinkende Teilnehmerzahlen von Schüler und Vereinskinder oder
Umfrageergebnisse, die nach der Beliebtheit der Sportart Leichtathletik
in der Schule fragen, zeigen. Auch verringerten viele Schulen selbst
immer mehr ihr Sportangebot außerhalb des Sportunterrichts.
Außerschulische Leichtathletikwettbewerbe werden kaum noch
wahrgenommen und als AG-Angebot findet man die Leichtathletik nur
noch vereinzelt an wenigen Schulen wieder. Mit dem Wegfallen solcher
Sportangebote außerhalb des Regelunterrichts, kommt die Schule
letztendlich auch nicht mehr ihrem Auftrag nach, der lautet: Die Schule
ist nicht nur ein Ort des Lernens, sondern auch ein „Lebens- und
Erfahrungsraum" (vgl. Horn 2002, S.181; Fessler & Ziroli, 1997, S.5f.).

Die Wettkampfsportart Leichtathletik besteht aus einem komplexen
Wettkampfsystem, das von der Kinder- bis zur Seniorenleichtathletik
reicht und seinesgleichen in der Welt des organisierten Sports sucht. Es
gibt keine andere Sportart, die eine derartige Vielfalt von Wettkämpfen
aufweist. Doch dies wird dieser Sportart auch oft zum Problem. Zum
Einen muss man die Disziplinvielfalt für Kinder und Jugendliche
altersgerecht auslegen, zum Anderen gehört die Durchführung eines
leichtathletischen Wettbewerbs zu den größten Organisationsaufgaben
in der Sportwelt. Der Aufwand an Technik, Material und vor allem an

Personal ist sehr viel größer als bei den meisten anderen Sportveranstaltungen (vgl. Thieß & Tschiene, 1999, S. 141). Eine weitere Tatsache, welche die Forderung von verschiedenen Wettbewerbsformen im Schulsport nach sich ziehen muss, ist, dass im Schulsport immer weniger Leistungskontrollen und -vergleiche stattfinden. Um die Leistungen, wie in allen anderen Schulfächern üblich, über die Schullaufbahn eines Schülers zu vergleichen, sind gerade solche Schulsportveranstaltungen eine weitere geeignete Möglichkeit. Dies beschreibt Horn sehr eindrucksvoll:

> *„Am Ende der Schulzeit müssen Schülerinnen und Schüler sportlich gesehen deutlich besser sein, mehr können und wissen als zu Beginn. Dies ist im gegenwärtigen Schulsport nicht der Fall. Mit Bewegung, Spiel, Ausgleich, Spaß und Gesundheit ist es deshalb auch nicht getan."* (Horn, 2002, S.130 zitiert nach Krüger & Gruppe, 1999, S. 311)

Dieses Buch gliedert sich in zwei große Bereiche. Der erste Bereich beschäftigt sich mit der Leichtathletik in ihren Wettkampf- und Wettbewerbsformen für Schule und Verein. Im zweiten Teil geht es um die Umsetzung eines schülergerechten Leichtathletikwettbewerbs. Nach der Einführung im ersten Kapitel setzt sich dieses Werk zu Beginn des zweiten Kapitels mit der Frage nach der Notwendigkeit der Sportart Leichtathletik im Schulsport auseinander und bezieht klar Stellung. Danach folgt eine Beschreibung der aktuellen Lehrmeinung des DLV, um den Standpunkt des Verbandes zu beleuchten.

In Kapitel 1.3 werden alle wichtigen Wettbewerbe die derzeit für Schulen möglich sind genauer betrachtet. Dieses Kapitel steht unter dem Titel *leichtathletische Wettbewerbsformen für Schule und Verein*, da die vorgestellten Wettbewerbe meist nur in Zusammenarbeit mit einem Sportverein für die Schulen durchführbar sind und viele unter der Perspektive Kooperation Schule und Verein überhaupt erst entstanden. Die Wettkämpfe, die nur für Vereinssportler mit einem Startpass gedacht sind, werden deshalb im Punkt 1.3.1 gemeinsam kurz genannt und dienen als Grundlage für Kapitel 1.4. und 1.6., finden jedoch keine größere Beachtung. Folgend werden die beiden klassischen Schulsportveranstaltungen, die BJS und Jugend trainiert für Olympia (JTFO) genauer betrachtet. Fun in Athletics und die Blödel- und Funolympiaden sind sowohl für die Schul-, als auch die Vereinsleichtathletik gedacht. Zuletzt werden die Wettkämpfe aus dem Breitensportbereich, wie Sportabzeichen und Mehrkampfnadel, die auch immer wieder in der Schule durchgeführt werden beschrieben. Bei allen diesen Veranstaltungen handelt es sich entweder um reine Leichtathletikwettkämpfe und -wettbewerbe oder um allgemeinsportliche Veranstaltungen, die aber überwiegend in der Sportart Leichtathletik absolviert werden können.

14

Anschließend sollen die Begriffe *Wettkampf* und *Wettbewerb* voneinander abgegrenzt werden, bevor auf die *Notwendigkeit des Übens* und die *Leichtathletik als Individualsport* eingegangen wird. Abgeschlossen wird dieser Teil mit der Frage nach dem Sinn von Kooperationen in Bezug auf Leichtathletikwettbewerbe zwischen Schule und Verein, sowie der Frage ob eine wettkampf- und wettbewerbsbezogene Leichtathletik auch einen Beitrag zur Gesundheitsförderung leisten kann.

Im zweiten Teil, wird der von mir im Jahr 2007 gegründete Leichtathletikwettbewerb (*Kids-Cup*), in dem ich meine eigenen Ideen eines zeitgemäßen Leichtathletikwettbewerbs für Schüler verwirklicht habe vorgestellt. Anhaltspunkte fand ich bei der Erstellung dieses Wettbewerbs bei neuen Konzepten wie dem Fun in Athletics und der Wettbewerbsform der Bundesjugendspiele. Vor allem beinhaltet dieser Wettbewerb aber auch eigene Aspekte, um meinen Ansprüchen und Zielsetzungen gerecht zu werden.

Um den Unterschied der Begrifflichkeiten Wettbewerb und Wettkampf zu verdeutlichen wurden im gesamten Buch die Begriffe Wettkampf und Wettbewerb bewusst eingesetzt.

Teil 1

1.1 Notwendigkeit der Leichtathletik im Schulsport – auch als Wettbewerbsform

Die Leichtathletik kann zweifellos als eine der populärsten Sportarten überhaupt angesehen werden. *„Leichtathletik ist nach wie vor die olympische Sportart Nummer 1"*, stellte der damalige IOC-Präsident Juan Antonio Samaranch nach den XIV. Europameisterschaften 1986 in Stuttgart fest.

Sie gilt als Kernstück der Olympischen Spiele und zieht so Millionen von Zuschauern und Sportlern in ihren Bann. Dass die Leichtathletik alle vier Jahre die Hauptattraktion beim größten Sportereignis der Welt ist, vermeldeten viele Fernsehanstalten bei ihren Übertragungen aus Peking im Sommer 2008. Spitzenleichtathleten zählten und zählen zu den beliebtesten Sportlern. Dies zeigt sich unter anderem bei der alljährlichen Wahl zum Sportler des Jahres, bei der Leichtathleten immer unter den Bestplatzierten zu finden sind. Im Jahr 2008 wurde wieder ein Leichtathlet zum Weltsportler des Jahres gewählt, der jamaikanische Sprinter Usain Bolt gewann vor dem Schwimmer Michael Phelps.

Verschweigen darf man an dieser Stelle aber nicht, dass die Leichtathletik in den letzten Jahrzehnten immer mehr in eine Krise rutschte. Ein Hauptgrund ist das veränderte Freizeitverhalten unserer Gesellschaft. Verbände klagen über schwindende Mitgliederzahlen, da die Jugend eher für neue Trendsportarten zu begeistern ist. Klassische Sportarten wie die Leichtathletik verlieren somit an Attraktivität.

Ein weiterer Aspekt der die Leichtathletik in der Wahrnehmung der Öffentlichkeit immer mehr ins Abseits drängte sind die vielen Dopingfälle. Hier gehört die körperbetonte Sportart, bei der die Leistungsfähigkeit des eigenen Körpers durch Manipulation sehr leicht positiv beeinflusst werden kann schon seit Jahrzehnten zu den auffälligsten. Doch nicht nur bei den Leichtathletikprofis sind so genannte *schwarze Schafe* zu finden. Bereits im Jugendalter gehen die jungen Sportler bis an die Grenze des Erlaubten, man denke nur an Muskelaufbaupräperate, Medikamente von Asthmatikern, usw. In einigen wenigen Fällen treibt der Ehrgeiz des Athleten, seines Trainers oder der Eltern den Athleten bis hin zu verbotenen Nahrungsergänzungen. Selbst die Seniorenleichtathletik ist nicht frei von Unverbesserlichen und sorgt hin und wieder für negative Schlagzeilen. Doch sollen diese Worte nicht abschrecken, denn die Leichtathletik im Schüleralter im Breiten- und Leistungssport ist davon nur in seltenen Ausnahmefällen betroffen.

Weltweit betrachtet kann man anhand der Popularität sagen, dass die Leichtathletik nach wie vor zu den attraktivsten Sportarten zählt, jedoch bei der Sicht auf Deutschland muss man leider feststellen, dass die Leichtathletik immer mehr an Reiz, sowohl im Schulsport, als auch im Breiten- und Wettkampfsport, hinsichtlich jeder Altersklasse verloren hat. Bewusst herausnehmen möchte ich den Seniorensport und die Langdistanzen, wie zum Beispiel Halbmarathon und Marathon ab dem Erwachsenenalter. In den letzten Jahren, hat dieser Bereich einen regelrechten Boom erfahren.

Wie es um die Beliebtheit der Leichtathletik im Schulsport steht, zeigt zum Beispiel eine Untersuchung von Wydra (vgl. Reuter). Diese Umfrage kommt zu dem Ergebnis, dass Sport, das mit abstand beliebteste Unterrichtsfach ist, die Individualsportarten, insbesondere das Geräteturnen und die Leichtathletik hinken aber in der Beliebtheit weit hinter den Ballsportarten her. Bei Wydra taucht die Leichtathletik in den Top Ten der Beliebtheitsskala nicht auf. Weitere Erkenntnisse sind, dass die Leichtathletik für fast alle Sportlehrer eine Basissportart ist, in den Augen der Schüler jedoch nur eine Randsportart (vgl. Reuter). Man kann die Meinungen von Fachwissenschaftlern aus den unterschiedlichsten Jahrzehnten betrachten und kommt zu der Feststellung, dass die Leichtathletik immer eine zentrale Rolle im Schulsport gespielt hat und weiterhin spielen muss.

> *„Die Grundformen des Laufens, Springens, Werfens und Stoßens nehmen in der schulischen Leibeserziehung einen bedeutenden Raum ein und können selbst bei einfachsten Vorraussetzungen betrieben werden."* (Bues, Kirsch, Koch, 1967, S.8)

> *„Leichtathletische Übungen und Wettkämpfe sind seit Jahrhunderten fester Bestandteil von Körperkultur und Sport."* (Bauersfeld, K.H., 1992, S. 11)

> *„Mit ihren Grundelementen [...] bildet sie die pädagogische Grundlage für eine ganzheitliche und leibliche Erziehung von Kindern und Jugendlichen. [Leichtathletik ist] aus pädagogischen Gründen grundsätzlich unersetzbar und grundlegend für jede sportliche Bewegungs- und Körperkultur."* (Digel, 1997, S.127 u. S. 161)

Die Beobachtung, dass Leichtathletik eine Fortführung der im Kleinkindesalter von allen Kindern ausgeführten Bewegungen ist, kann jeder selbst machen. Kleinkinder laufen gern und zeigen es mit Stolz; sie hüpfen und springen, wenn sie fröhlich sind. Ebenso lieben sie es mit Gegenständen aller Art zu werfen oder zu schleudern (siehe hierzu auch Dombrowski, 1994, S. 11; Lydiard & Gilmour, 1999, S.11). Leichtathletik ist grundsätzlich eine Individualsportart, die von ihrer Idee stark an Leistung, Leistungsverbesserung, Meisterschaften, Rekorden und Bestenlisten orientiert ist. Dies ist auch ein Grund, warum die Leichtathletik bei Schülern ganz gegensätzliche Eindrücke und Erinnerungen zurücklässt. Das Spannungsfeld von Traum- bis Albtraumsportart ist sehr groß. *Leichtathletik ist eine Wettkampfsportart -* diese Gedanken haben die meisten, wenn sie an diese Sportart denken,

18

was ebenfalls zu dem schon genannten, großen Spannungsfeld von Traum- bis Albtraumsportart führt. Die Tatsache, dass die Leichtathletik eine Wettkampf- und Wettbewerbssportart ist, wird wegen der großen Bedeutung in einem Extrakapitel (siehe dazu das Kapitel 2.4) genauer betrachtet.

Leichtathletik hat nach wie vor eine sehr große Bedeutung für den Sport und für andere Sportarten. Sie ist die Sportart im Mittelpunkt jeder Olympischen Sommerspiele, eine Zentral- und eine Grundsportart und somit Grundlage für viele andere Sportarten.

Unter Grundsportart versteht man, dass Leichtathletik wie keine andere Sportart die Elemente *Gehen, Laufen, Springen und Werfen* verkörpert. Dies sind alles Bewegungen der menschlichen Alltagsmotorik.

Mit Zentralsportart ist gemeint, dass die leichtathletischen Elemente sich in fast allen anderen Sportarten nachweisen lassen. Betrachtet man die unterschiedlichen Sportarten näher, erkennt man, dass kein guter Sportler in seiner Sportart ohne eine leichtathletische Grundausbildung auskommt. Somit ist die Leichtathletik die Zentralsportart schlechthin (vgl. Vonstein & Messin, S.21ff.). Kritisch Anzumerken an dieser Stelle muss man, dass den Anspruch Grund- und Zentralsportart zu sein, sehr viele Sportarten für sich begehren. Doch die Leichtathletik mit ihren Ur- und Grundbewegungsformen des Menschen, kann diesen Anspruch am deutlichsten belegen.

Die Leichtathletik, die schon seit vielen Jahrzehnten einen festen Platz in den Lehr- und Rahmenplänen der Schulen hat, findet auch im aktuellen Bildungsplan eine feste Verankerung. Beispielsweise sieht der Bildungsplan für die Primarstufe in Baden-Württemberg in der Leichtathletik ebenfalls eine Basissportart:

„Laufen, Werfen und Springen bilden eine breite Basis für viele Sportarten. Die Kinder trainieren die leichtathletischen Grundformen..." (Bildungsplan GS von BW, 2004, S.112).

Bei den geforderten Inhalten des Sportunterrichts findet man zwei Bereiche, die in einem mehrperspektivischen Sportunterricht in ihrer Zielstellung oft fließend ineinander übergehen. Dies sind die *„Bewegungsfelder"* und die *„Sportarten"* (vgl. Horn, 2009, S.100). Der Sportart Leichtathletik ist beispielsweise das Bewegungsfeld *Laufen, Werfen, Springen* eindeutig zuzuordnen.

Die im Bildungsplan für Baden-Württemberg formulierten Ziele der Sportart Leichtathletik und des eben genannten Bewegungsfeldes *Laufen, Werfen, Springen* in einen Wettbewerb zu verpacken, war ein Ziel bei der Verwirklichung des Kids-Cup (siehe dazu Kapitel 2.2 und 2.10).

Weiter sollen die Schüler zu sportlichen Aktivitäten über den wöchentlichen Sportunterricht hinaus begeistert werden. Dies wird *„von 73% aller Lehrpläne als Auftrag schulischen Sportunterrichts formuliert"* (Horn, 2009, S.98; zitiert nach Prohl & Krick, 2006, S.31). Damit sind auch verschiedene Spiel- und Wettbewerbsformen des Bewegungs- und Sportunterrichts gemeint. Eine davon wäre die schülergerechte Leichtathletik als Wettbewerbsform.

Um den Schülern alle Aspekte eines mehrperspektivischen Sportunterrichts näher zu bringen ist es unerlässlich leistungsbezogene Sportarten und Wettbewerbe den Kindern anzubieten.

Befürwortet man das schon seit langem verbreitete und angewandte Grundlagenkonzept im Kindersport, das eine vielfältige Ausbildung in verschiedenen Sportarten und keine frühzeitige, auf wenige Fertigkeiten gerichtete Spezialisierung fordert, so kommt auch hier der Leichtathletik eine besondere Aufgabe zu. Laufen, Werfen und Springen sind vielseitige elementare Formen, mit denen Grundlagen geschaffen werden (vgl. Digel, 1997, S.161). Dies gilt für die Schulen, wie auch für die Vereine im Kindersportbereich (siehe hierzu auch Horn, 2003, S. 94):

> *„Da für die ganzheitliche Entwicklung des Kindes Primärerfahrungen in und durch Bewegung unverzichtbar sind, darf ein Kindersport nicht spezialisiert ausgerichtet sein, muss vielfältige und vielfache Erfahrungen mit und durch Bewegung ermöglichen."*

Was muss sich verbessern oder ändern, damit die Leichtathletik in der Schule auch wieder von den Schülern angenommen und mit Freude ausgeübt wird?

In den Leichtathletikschulsportstunden müssen Langeweile, Motivationsverlust, das berühmte „Schlangen-Formationswarten" und somit eine niedrige Bewegungszeit und -intensität endlich entfernt werden.

Stattdessen sollten Prinzipen wie Vielseitigkeit, hohe Wiederholungszahlen, hohe Bewegungszeiten, Abwechslungsreichtum, und Geräte mit Aufforderungscharakter, sowie schülergerechte Wettbewerbsformen Einzug in die Leichtathletikstunde erhalten, um Freude an der Bewegung zu wecken: *„Freude an Bewegung, Spiel und Sport [spielen] eine wesentliche Rolle für die gegenwärtige und zukünftige Bewegungstätigkeit."* (Horn, 2009, S.98)

1.2 Moderne Kinder- und Schülerleichtathletik nach den Leitlinien des Deutschen Leichtathletik-Verband (DLV)

„Die Kinder- und Jugendleichtathletik stellt die eigentliche Herausforderung für die weitere Entwicklung der deutschen Leichtathletik dar." (Digel, 1997, S.160)

Das oberste Ziel des DLV in der Nachwuchsarbeit ist, mehr Kinder für die natürlichen Bewegungsformen des Laufens, Gehens, Springens und Werfens zu gewinnen. DLV interne und allgemeingültige Untersuchungen, zeigen schon seit Jahren einen Rückgang der körperlichen Leistungsfähigkeit und die Zunahme der Bewegungsarmut bei Kindern. Der DLV bekräftigt hier, dass trotz immer neuer Sporttrends und einer fast unüberschaubaren Vielzahl von Sportangeboten dieser Abwärtstrend fortgehe. Als notwendige Maßnahmen sieht man neue Aufgaben für Verbände, Vereine und Schulen. Zum Einen aus Eigeninteresse, zum Andern sieht sich der DLV auch in einer gesamtgesellschaftlichen Verantwortung. In den 90iger Jahren hat man begonnen, beim DLV im Bezug auf Kinderleichtathletik, etwas zu ändern. Man hat mit attraktiven und altersentsprechenden Sportangeboten reagiert. Dazu gehören die Wettbewerbe: Fun Athletics, Kids Athletics, Wettkampf IV bei JTFO, die Wettbewerbsform bei den BJS und Leichtathletik in Aktion.

Nicht nur neue Wettbewerbsformen, sondern auch Unterrichtsvorschläge einer angemessenen Kinderleichtathletik wurden veröffentlicht. Mit dem Band „Leichtathletik in der Schule", startete der DLV eine Schuloffensive. Es werden so genannte Rezeptbausteine oder Orientierungshilfen für die Sportlehrer angeboten. Die Kinderleichtathletik soll sich an der kindlichen Bedürfnislage, am Entwicklungsstand, an der Gefühlswelt und an der

Phantasie von Kindern orientieren. Aufgabe der Kinderleichtathletik ist es, die koordinativen und konditionellen Fähigkeiten auszubilden. Dies will man durch spielerisches und motivierendes Üben, sowie Wetteifern erreichen. Um diese Ziele zu erreichen waren neue Bewegungsformen, neue Geräte und neue Wettbewerbsformen nötig (vgl. Katzenbogner 2004, S. 8f.).

Einerseits werden von Seiten des DLV in Zusammenarbeit mit den Schulen die verschiedenen neuen Wettbewerbsformen und Rezeptbausteine für den Sportunterricht entwickelt, um der Leichtathletik in der Schule wieder einen neuen Stellenwert zu verschaffen. Andererseits legt man viel Wert darauf, dass das spielerische und motivierende Üben und Trainieren auch im Vereinssport umgesetzt wird. Deshalb änderten sich nicht nur die Ausbildungsinhalte für den Erwerb des Trainerscheins, sondern auch die Anforderungen seitens des Verbandes, der nun auch als Zulassungsvoraussetzung zwei Kinderleichtathletikfortbildungen mit einer entsprechenden Anzahl an Übungsleiterstunden in diesem Bereich fordert.

Aktuell werden vom DLV bzw. Württembergischen Leichtathletikverband (WLV) klar festgelegte Aufgaben einer alters- und entwicklungsgemäßen Leichtathletik in den Lehrgängen und Fortbildungen gelehrt:

- *Die Leichtathletik auf die Fähigkeiten und Interessen der Kinder und Jugendlichen abstimmen*
- *Vielseitigkeit und Abwechslung, anstatt Spezialisierung und Eintönigkeit*
- *Veränderung in den Wettbewerben*
- *Lernen und Wetteifer sind ureigene Merkmale der Leichtathletik*
- *Entwicklung von Persönlichkeit über eine grundlegende Fähigkeitsentwicklung*
- *Trainingsprozesse verantwortlich planen und gestalten durch reizvolle Spiel-, Übungs- und Trainingsformen*
- *Brückenschlag von der Kinder- zur Jugendleichtathletik*

- *Den Bewegungsantrieb, den Bewegungsdrang und die Bewegungslust der Kinder nutzen, das entdeckende Lernen anbahnen*
- *Die Leichtathletik verlangt eine enge Kooperation von Schule, Verein und Verband* (Eberle, 2008, Vortrag)

Ganz im Gegensatz der eben so positiv von geschilderten Entwicklungen beim DLV, steht zum Beispiel die neu eingeführte Null-Fehlstartregel im Schüleralter. Dies sind Maßnahmen die bei vielen zu Recht Unverständnis hervorrufen. Die Startregel für alle Sprintdisziplinen, wurde nur aus einem einzigen Grund vom internationalen Leichtathletikverband 2010 neu eingeführt, nämlich um die Sportart telegener zu machen. Dagegen lässt sich im Bereich der Erwachsenenleichtathletik ja nichts einwenden. Ganz im Gegenteil ist es durchaus positiv zu verfolgen, dass die zeitweise starr an ihren Regeln festhaltende Leichtathletik, immer öfter bereit ist Änderungen durchzuführen um sich auf dem Markt besser zu positionieren.

Doch hier wendet der DLV blindlings diese Null-Fehlstartregel verpflichtend für alle jungen Leichtathleten ab dem 14. Lebensjahr an. Der Kreisvorsitzende des Ostalbkreises Peter Seidel bringt es mit folgender Aussage vom 13.02.2010 auf den Punkt: *"Es ist schwer Jugendliche für die Sportart zu begeistern, wenn es solche Regeln gibt."* Hier gilt nur zu hoffen, dass ein von den Leichtathletikvereinen des Ostalbkreises vorgebrachte Ablehnung dieser Regeländerung für Schüleraltersklassen beim Verband auf ein offenes Ohr stößt.

Die Einsicht der vergangenen Jahre, für Schüler keine reduzierte Erwachsenenleichtathletik anzubieten und ihnen im Wettkampf auch Fehler zuzustehen, scheint hier wie verloren.

1.3 Betrachtung bestehender Wettkampf- und Wettbewerbsformen für Schule und Verein

1.3.1 Leichtathletikwettkämpfe

Bei Leichtathletikwettkämpfen muss man sich die Unterschiede zwischen reinen Schulwettkämpfen, Breitensportwettkämpfen und Wettkämpfen auf Vereinsebene klar machen. Im Schüler- und Jugendalter gibt es für die in einem Verein startenden Kinder je nach Altersklasse bestimmte Wettkämpfe. Die jüngste Wertungsklasse beginnt bei 8-Jährigen.

SchülerInnen D (M/W 8 und 9 Jahre)	• Dreikampf (Schlagball, 50m Sprint, Weitsprung)
SchülerInnen C (M/W 10 und 11 Jahre)	• Drei-, Vierkampf (zusätzlich Hochsprung), + Mannschaft • Staffel (4X50m / 3X1000m) • DSMM (Dt. Schülermannschaftsmeisterschaft)
SchülerInnen B (M/W 12 und 13 Jahre)	• Einzel (75m, 1000m, 2000m, 60mHü, 300mHü,Hoch, Stabhoch, Weit, Kugel, Diskus, Hammer[1], Speer, Ball) • Vierkampf + Mannschaft • Block (Sprung, Lauf, Wurf) + Mannschaft • Staffel (4X75m / 3X1000m[2]) • DSMM
SchülerInnen A (M/W 14 und 15 Jahre)	• Einzel (100m, 300m, 1000m[3], 2000m, 3000m, 5km, 80mHü, Hoch, Stabhoch, Weit, Kugel, Diskus, Hammer, Speer) • Vier-, Achtkampf[4] + Mannschaft • Block (Sprung, Lauf, Wurf) + Mannschaft • Staffel (4X100m / 3X1000m) • 5km Mannschaft • DSMM
männl./weibl. Jugend B (16/17 Jahre)	• Einzel (100m, 200m, 400m, 800m, 1000m[5], 1500m, 3000m, 5000m,10km, 110mHü[6], 400m Hü, 2000m Hi[7], Hoch, Stabhoch, Weit, Dreisprung, Kugel, Diskus, Hammer, Speer) • Fünf-, Zehnkampf[8] + Mannschaft • Staffel (4X100m / 4X400m / 3X800m /Schwedenstaffel) • 10km Mannschaft
männl./weibl. Jugend A (18/19 Jahre)	*Für dieses Buch nicht relevant.*

[1]nur für männl. Schüler	[2]weibl. Schüler = 3X800m	[3]weibl. Schüler = 800m
[4]weibl = 7-Kampf + Mannschaft	[5]nur männl. Jugend	[6] weibl. Jugend = 100m Hü
[7] weibl. Jugend = 1500m Hi	[8] weibl. Jugend = 4- und 7-Kampf + Mannschaft	

Tab. 1: Leichtathletik Wettkampfsystem

25

Die Hürden bzw. Hindernishöhen sind dem Alter und dem Geschlecht angepasst, ebenso das Gewicht bei allen Wurf- und Stoßdisziplinen. Ergänzt wird das Wettkampfangebot durch Laufstrecken mit verschiedenen Längen bei unterschiedlichen Volks- bzw. Meisterschaftsläufen auf der Straße oder im Wald. Wettkämpfe in der Leichtathletik gibt es als offene Sportfeste oder als Meisterschaften. Von Kreis- über Regional- zu Landesmeisterschaften. Ab dem A-Schülerbereich gibt es schon nationale Meisterschaften. Ab Landesmeisterschaften aufwärts wird immer eine Qualifikationsleistung aus der aktuellen Saison gefordert, um teilnehmen zu können. Erweitert wird das Mannschaftsangebot der Tabelle, mit Kreis-, Regional- und Landesvergleichskämpfen zu denen die erfolgreichsten Athleten der einzelnen Disziplinen eingeladen werden.

Wie man der Tabelle entnehmen kann, ist die Leichtathletik allein im Wettkampfsport auf Vereinsebene sehr vielseitig. Betrachtet man die Altersklassen genauer erkennt man, dass eine sehr frühe Spezialisierung möglich ist und durch das gegebene Wettkampfangebot leider auch gefördert wird. Des Weiteren erkennt man an den einzelnen Disziplinen, dass bereits ab dem Kindesalter die vollendete Form der Leichtathletik, wie sie die Aktiven betreiben, verlangt wird. Ausnahme hier bildet lediglich der Schlagballwurf. Es wird auf die jungen Menschen nur über Verkürzung der Laufstrecken oder Erleichterung der Gewichte bei Wurf- und Stoßgeräten eingegangen. Hinzu kommt, dass die Leichtathletik eine Sportart ist, die nicht nur den Tagessieger als Gewinner kürt, sondern die ebenso sehr stark auf Rekorde und Bestleistungen ausgelegt ist. Das heißt, dass jede erbrachte Leistung archiviert wird und der Athlet sich Jahr für Jahr mit seiner eigenen Leistung, der seiner Konkurrenten und den schon vor Jahren erbrachten Leistungen vergleichen und messen kann. Damit beginnt man in der Leichtathletik bereits schon ab den Schülerklassen. Jedes Jahr werden im Internet und in Büchern, in denen die Jahresbesten archiviert werden, zum Beispiel die Leistungen von zehnjährigen auf Länderebene verglichen und Rekorde festgehalten.

Diese Leichtathletikwettkämpfe sind nur für Kinder und Jugendliche gedacht, die im Verein Leichtathletik betreiben und einen Startpass besitzen. Anders bei Straßenlauf- und Waldlaufwettkämpfen. Hier sind Schulkinder und Schulmannschaften oft willkommen.

1.3.2 Bundesjugendspiele

Der älteste und wohl bekannteste Wettkampf in der Schule sind die BJS. Kaum ein Kind in Deutschland hat sich wohl diesem Wettkampf verwehren können und jeder hat seine eigenen, jedoch ganz unterschiedlichen Erfahrungen, wenn er an dieses Sportereignis in seiner Schulzeit zurückdenkt.

Vielen fallen zuerst Dinge wie Leistungszwang oder Bloßstellung ein, andere wiederum verbinden schöne und vielseitige Erinnerungen an ein tolles Sportfest. Der Bekanntheitsgrad dieses Wettkampfes lässt sich auf viele Gründe zurückführen. Ein Grund ist die große Teilnahme der Schulen, die in einigen Jahren sogar verpflichtend für alle war. Zudem reihen sich die BJS in eine langjährige Tradition ein. Auch nach 58-jährigem Bestehen stehen die BJS immer noch im öffentlichen Interesse. An dieser Stelle muss jedoch die immer wieder aufkommende Kritik an der Leistungs- und Wettkampforientierung angesprochen werden, die ständig in der Öffentlichkeit diskutiert wird. Dies führte zu inhaltlichen Änderungen der BJS selbst und zur Einführung eines komplett neuen Konzeptes im Jahr 2001. Die mediale Inszenierung durch die Pro7-

Bundesjugendspiele im Jahr 2006, war ein weiteres imageprägendes Ereignis in der Öffentlichkeit.

Die Bundesjugendspiele fanden erstmals 1951 statt und wurden von der Bundesregierung, der Kultusministerkonferenz (KMK), kommunalen Spitzenverbänden, dem Deutschen Sportbund (DSB) und den Jugendorganisationen hervorgebracht. (vgl. Söll, 2008, S.44) *„Hervorgegangen [sind die BJS] aus den Reichsjugendwettkämpfen in der Weimarer Republik und dem nationalsozialistisch geprägten Reichssportwettkampf der Hitler Jugend (HJ)"* (Gebken, 2007). In den Ausschreibungen der 50er Jahre ist die Nähe zum deutschen Turnen wie es von *Jahn* angebahnt worden war unverkennbar. Die drei Grundelemente finden sich in der Idee der BJS wieder, zum Einen das Streben nach allseitiger körperlicher Ausbildung, die Bewährung in allgemeinen und volkstümlichen Wettkämpfen, sowie der Pflege des Gemeinsinnes und dies ganz ohne Berufs- oder Standesunterschiede (vgl. Söll, 1995, S.284).

Dieses „Gemeinschaftswerk der Schulen" beinhaltete folgende Wettkämpfe.

Im Sommer:	Vierkampf (Laufen, Sprung, Wurf und eine Schwimmstrecke)
Im Winter:	Vierkampf (Jungen mussten vier turnerische Disziplinen und Mädchen 3 turnerische und eine gymnastische Disziplin vorführen) (vgl. Söll, 2008, S.44)

Dies zeigt, dass von Beginn der BJS das Turnen und die Leichtathletik die elementaren Sportarten waren.

Die ursprüngliche Intension der BJS war es, einen Wettkampf, ein gemeinsames Fest mit vielen Siegern, sowie ein Mehrkampf mit Mannschaftswertung der Individualsportarten vereint, zu veranstalten.

Es gab zwei Hauptsportarten: Leichtathletik und Turnen, sowie zwei Nebensportarten: Schwimmen und Gymnastik (vgl. Söll, 2008, S.45).

Kritik kam bereits in den 60er Jahren auf. Sie richtete sich vor allem gegen die Verbindlichkeit der Teilnahme. Lehrer und Schüler empfanden die BJS immer mehr als Zwang. Ein weiterer Kritikpunkt in dieser Zeit war die Reduktion auf Individualsportarten. Des Weiteren belegen unterschiedliche Quellen, dass eine wachsende Form- und Disziplinlosigkeit der Schüler in dieser Zeit den Wettkampf der BJS immer mehr zu einem mühsamen Geschäft als zu einem Sportfest werden ließ (vgl. Söll, 1995, S.286). Die Reaktion der Schulen war die Einführung der Freiwilligkeit der Teilnahme und die Verlegung der BJS in den regulären Sportunterricht, also innerhalb der einzelnen Klassen. Doch damit wurde die Grundidee der BJS zunichte gemacht. Ein Sportfest funktioniert nur klassen-, schularten-, und ortsübergreifend. Innerhalb des Klassenverbandes wurden die BJS immer mehr zur Ermittlung von Sportnoten von den Sportlehrern missbraucht.

Ebenso wurde mit der Freiwilligkeit die Grundidee, man könnte sogar sagen der ursprüngliche Sinn den BJS genommen. Ins Leben gerufen wurden sie mit der turnerischen Grundidee als Wettkampf und somit als *„Bewährungssituation für alle"* oder *„gleichmäßige Ertüchtigung aller für das spätere Leben"* (Söll, 1995, S.285). Durch die Freiwilligkeit hat dieser Wettkampf sich selbständig in die Hände der guten Vereinssportler manövriert, die eine zusätzliche Gelegenheit hatten durch den Erwerb der Ehrenurkunde ihre Sportlichkeit im Schulsport unter Beweis zu stellen.

Zu dieser Zeit erkannte man aber auch, dass die Bundesjugendspiele nicht nur ein zu absolvierender Wettkampf sein sollen. *„Die Durchführung* *der Bundesjugendspiele, die ohne Vorbereitung nur in Erfüllung ministerieller Verordnungen und wegen einer Vollständigkeitsmeldung durchgeführt werden, [ist] abzulehnen."* (Bues, Kirsch & Koch, 1962, S.7). Die BJS sind keine einmalige Leistungsabforderung, sondern der krönende Abschluss einer gewissenhaften Vorbereitung und sportlicher Erziehungsarbeit. Dies ist heute noch genauso aktuell und bedeutet, dass Wettkämpfe oder Leistungsmessungen im Schulsport erst durchgeführt werden sollen, wenn dies zuvor auch entsprechend erlernt und geübt wurde. Denn es darf sich niemanden beschweren wenn Kinder und Jugendliche wegen fehlender Vorbereitung in einem Wettkampf, Misserfolgserlebnisse erfahren und sich als Konsequenz von dieser Sportart abwenden. Trainer, Eltern oder Lehrer, die junge Athleten solchen Situationen aussetzten, zerstören damit nachhaltig ein von Grund auf positives Bild von Kindern zu neu erlernbaren Sportarten.

Ein anderes Beispiel soll zeigen, dass die BJS oft auch Vorreiter waren. Sie wollten durch Änderungen im Kinder- und Jugendbereich altersentsprechende Leichtathletik bieten. Es waren die BJS, die es durchsetzten den Absprungbalken beim Weitsprung in eine Sprungzone mit 80 cm Breite zu ändern und somit vielen Fehlversuchen der Schüler entgegenzuwirken. Diese, zu Beginn der 70er Jahre eingeführte Regeländerung, sollte den vielen Misserfolgserlebnissen der Teilnehmer bei den BJS entgegenwirken (vgl. Kirsch, 1974, S.14).

Überblick über die Entwicklung der BJS von 1951 – 1978:

Sommerspiele
1954 Dreikampf (LA) oder Vierkampf (LA + Schw) 20-Punkte-Wertung als relative Jahrgangswertung *1957* Vierkampf LA (mit 1000m) oder Fünfkampf LA + Schw (nur für Jgd.) *1970* 100-Punkte-Wertung als relative Jahrgangswertung *1972* längerer Lauf auch für Mä. *1976* Sieger: „mindestens 50% der Teilnehmer" Schwimmangebot differenzierter

1978 Einheitliche Ausschreibung:
nur noch GT, LA, Schw (keine Gy), jeweils als Dreikampf,
wählbar aus vier Disziplinen oder „Bereichen", mit
verschiedenen Wertungssystemen:
 	
GT: Absolute Wertung: 1-14 Punkte, Siegerpunktzahlen
    nach Alter gestaffelt
 	
LA: 1000-Punkte-„Einheitswertung", absolut, Siegerpunktzahlen
    nach Alter gestaffelt
 	
Schw: 15-Punkte-Jahrgangswertung, relativ, gleiche
      Siegerpunktzahlen

Tab. 2: Entwicklung der BJS

Die „alten BJS" die im neuen Konzept unter dem Namen „BJS Wettkampf" geführt werden, bestehen in dieser Form seit 1978 und werden in den Sportarten Leichtathletik, Geräteturnen und Schwimmen angeboten. In der Leichtathletik ist beim Wettkampf ein Dreikampf aus vier Bereichen gefordert. Die Teilnehmer wählen aus den vier Bereichen Sprint, Lauf, Sprung oder Wurf / Stoß ihren Dreikampf selbst aus. Die einzelnen Jahrgänge und die entsprechenden Übungen kann man folgender Tabelle entnehmen:

Alter	Sprint	Sprung	Wurf/Stoß	Ausdauer
			Mädchen	
8	50m	weit/hoch	Schlagball 80g	800m
9	50m	weit/hoch	Schlagball 80g	800m
10	50m	weit/hoch	Schlagball 80g	800m/ 2000m
11	50m	weit/hoch	80g/ 200g	800m/ 2000m
12	50m	weit/hoch	80g/ 200g/ Kugel 3 kg	800m/ 2000m
13	50m/75m	weit/hoch	80g/ 200g/ Kugel 3 kg	800m/ 2000m
14	75m	weit/hoch	200g/ Kugel 3 kg	800m/ 2000m
15	75m/100m	weit/hoch	200g/ Kugel 4 kg / *	800m/ 2000m
16	100m	weit/hoch	200g/ Kugel 4 kg / *	800m/ 3000m
17	100m	weit/hoch	200g/ Kugel 4 kg / *	800m/ 3000m
18	100m	weit/hoch	200g/ Kugel 4 kg / *	800m/ 3000m
ab 19	100m	weit/hoch	Kugel 4 kg / *	800m/ 3000m
			Jungen	
8	50m	weit/hoch	Schlagball 80g	800m
9	50m	weit/hoch	Schlagball 80g	800m
10	50m	weit/hoch	Schlagball 80g	1000m/ 2000m
11	50m	weit/hoch	80g/ 200g	1000m/ 2000m
12	50m	weit/hoch	80g/ 200g/ Kugel 3 kg	1000m/ 2000m
13	50m/75m	weit/hoch	80g/ 200g/ Kugel 3 kg	1000m/ 2000m
14	75m	weit/hoch	200g/ Kugel 4 kg	1000m/ 2000m
15	75m/100m	weit/hoch	200g/ Kugel 4 kg / *	1000m/ 2000m
16	100m	weit/hoch	200g/ Kugel 5 kg / *	1000m/ 3000m
17	100m	weit/hoch	200g/ Kugel 5 kg / *	1000m/ 3000m
18	100m	weit/hoch	200g/ Kugel 6 kg / *	1000m/ 3000m
ab 19	100m	weit/hoch	Kugel 6 kg / *	1000m/ 3000m

Tab. 3: Disziplinen beim Wettkampf Leichtathletik der BJS

Die Auswertung der einzelnen Wettbewerbe erfolgt bei den BJS nach Punktetabellen. Am Ende erhalten die Schüler, die mindestens 2/3 der Höchstpunktzahl erreicht haben eine Siegerurkunde. Eine Ehrenurkunde erhält man wenn man mindestens 80% der Höchstpunktzahl erreicht hat. In den Anfangsjahren der BJS gab es neben Urkunden auch Siegersträuße, Lorbeerkränze und Medaillen. Später wurden für weniger erfolgreiche Schüler Teilnehmerurkunden eingeführt (vgl. Thieß & Tschiene, 1999, S.172). Auch hier kann man den BJS eine gewisse

Vorreiterrolle zusprechen. Man erkannte, dass jeder Teilnehmer, egal mit welcher Punktzahl er abschließt, eine sportliche Leistung erbringt, welche mit einer Urkunde gewürdigt werden sollte.

Die Ehrenurkunden sind vom Bundespräsidenten (als Vordruck) unterschrieben. Für die Auswertung gibt es spezielle Wertungstabellen. Überpunkte oder Zwischenwerte können nach einer speziellen Formel berechnet werden. Dies ist alles im *Handbuch Bundesjugendspiele 2001* zu finden, deshalb möchte ich es an dieser Stelle nicht explizit erwähnen.

Durchführungsregeln:

> *„Die Wettkämpfe sind grundsätzlich an einem Tag durchzuführen, sofern es die örtlichen Verhältnisse erlauben. Um den Bereich Lauf nicht zu vernachlässigen, wird empfohlen, zunächst einen Vierkampf durchzuführen und dann bei der Berechnung der Gesamtpunktzahl das schlechteste der vier Ergebnisse zu streichen. Aus organisatorischen Gründen kann der Lauf an einem anderen Tag als die sonstige Disziplin durchgeführt werden."*

(Handbuch Bundesjugendspiele, 2001, S.12)

Im Jahr 2001 wurden die BJS modernisiert. Erarbeitet wurde die Konzeption der neuen Bundesjugendspiele unter der Beteiligung der Kommission Sport der Kultusministerkonferenz (KMK), der Deutschen Sportjugend, des Deutschen Leichtathletik-Verbandes (DLV), des Deutschen Turner-Bundes (DTB) und des Deutschen Schwimm-Verbandes (DSV). Seit dem Schuljahr 2001/2002 besteht nun die Form der „neuen" BJS. Die neue Konzeption der BJS *„ist mit dem Ziel erstellt worden, eine Neuordnung und Modifikation des Angebotes [zu schaffen und] deren Attraktivität zu erhalten und zu steigern"* (Handbuch Bundesjugendspiele, 2001, S.5).

Diese BJS orientieren sich an den Grundformen der Bewegung in den drei Individualsportarten Gerätturnen, Leichtathletik sowie Schwimmen. Man erhofft sich durch die Neukonzeption der BJS:

- ...dass die BJS wieder „echte Feste des Schulsports" werden.
- ...dass ein Impuls auch von den Sportvereinen angenommen wird, die diese „geforderten Bewegungs- und Wettkampfformen wieder verstärkt in ihr Angebot des freien Sports aufzunehmen sollen"
- ...die mehrperspektivische Sinngebung, welche in allen Bundesländern seit spätestens 2000 für die Rahmenlehrpläne diskutiert und vielfach umgesetzt wurde.
- ...dass „Leistung erfahren" und „gemeinsam handeln, wettkämpfen und sich verständigen" im Mittelpunkt stehen. (vgl. Handbuch Bundesjugendspiele, 2001, S.4ff.)

Die neuen BJS sind in drei Bereiche aufgeteilt:

1.Wettkampf	2. Wettbewerb	3.Mehrkampf
Sportartspezifischer Mehrkampf: **Bisheriges Grundkonzept** (Turnen, Schwimmen, Leichtathletik)	**Vielseitigkeitswettbewerb** der jeweiligen Grundlagensportarten	**Sportartübergreifender Mehrkampf** der drei Grundlagensportarten Turnen, Schwimmen, Leichtathletik

Tab. 4: Übersicht Wettbewerbsarten BJS 2001

Intensiver diskutiert werden soll im Folgenden nur der zweite Teil (Vielseitigkeitswettbewerb für die Sportart Leichtathletik). Der erste Teil (Sportartspezifischer Mehrkampf) unterscheidet sich grundsätzlich nicht von der bisherigen Form der Bundesjugendspiele die seit 1978 besteht.

34

Neu ist dabei lediglich die Angleichung an die DLV-Punktewertung in der Fassung von 1996, dies hat Auswirkung auf die Punkteverteilung für Ehren- und Siegerurkunden. Der dritte Teil ist wegen personellen, räumlichen und zeitlichen Gründen kaum umsetzbar, aber von seiner Idee und seiner Vielseitigkeit ein tolles Mehrkampfangebot. In diesem dritten Teil ist der Aufwand für einen solchen Mehrkampf unverhältnismäßig groß und von einer einzelnen Schule oder einem einzelnen Verein kaum zu stemmen. Ist es jedoch möglich, dass ein Schulverbund oder mehrere Sportvereine sich zusammenschließen können, wäre diese Form eine gelungene Konzeption eines modernen und altersentsprechenden Mehrkampfes für Kinder und Jugendliche und würde der ursprünglichen Idee eines gemeinsamen Sportfestes für alle näher kommen als alles andere zuvor.

Mit dem Vielseitigkeitswettbewerb wird der Verzicht auf *„eine Frühspezialisierung und Einengung in ein zu starres Regelwerk"* angestrebt (Handbuch Bundesjugendspiele, 2001, S.5). Die Schüler sollen an die drei Grundsportarten Geräteturnen, Leichtathletik sowie Schwimmen herangeführt werden, ohne dass es zu einer Fixierung der traditionellen Normen und Übungsformen kommt.

Im Wettbewerb Leichtathletik werden Aufgaben aus den Bereichen „Sprinten, Weit- und Hochspringen, Werfen, Stoßen und ausdauernd Laufen" angeboten. Alle Leichtathletikübungen sind in diesem Angebot klug gewählt und bieten eine altersentsprechende und meist motivierende Anforderung an die Teilnehmer.

In der 3./4. Klasse kann beispielsweise im Bereich „Sprinten" zwischen Dreieckssprint (je 12 m Seitenlänge), Wendesprint mit Hindernissen (2 x 20 m), Hindernissprint (35 m) und Wendesprint mit Slalomlauf und Hindernissen gewählt werden. Die einzelnen Übungen werden im aktuellen *Handbuch Bundesjugendspiele* illustriert. Das erforderlichen Material, das notwendige Personal, die Vorbereitungsmaßnahmen und die Wertung werden darin übersichtlich und detailliert beschrieben.

1.3.3 Jugend trainiert für Olympia

JTFO ist ein Mannschaftswettkampf und steht allen Schulen in Deutschland auf freiwilliger Basis offen. Laut DLV ist: *„Der Wettstreit der Schulen einer der attraktivsten aller Schulsport-angebote in Deutschland und vermittelt den Teilnehmern Freude am Sport, erzieht zu Teamgeist und Fairness."* (Wöckel, 2009).
Ausgerichtet wird dieser Wettkampf von den Kultusministerien. Die Schulen treten in diesem Wettkampf gegeneinander an.

Seit 1969 gibt es den speziell auf den Schulsport ausgerichteten Wettkampf JTFO. Als Reaktion auf das schlechte Abschneiden der bundesdeutschen Olympiamannschaft in Mexiko und im Hinblick auf die Olympischen Spiele von München 1972, sollte bei JTFO der Schulsport mit dem freien Sport koordiniert werden. Die Idee stammt vom Henri Nannen (Verleger der Zeitschrift *stern*) und wurde in Zusammenarbeit mit der Konferenz der Kultusminister ins Leben gerufen. JTFO wurde also auch mit dem Gedanken der Talentsichtung und –förderung initiiert und soll den Schülern die Möglichkeit geben im schulischen Rahmen Wettkampferfahrung zu sammeln. Seit 1971 werden Ranglisten der Schulergebnisse auf Länder- und Bundesebene veröffentlicht. JTFO verdrängte zwei Jahre nach der Einführung, den nicht mehr zeitgemäßen und für die Schulen nicht sehr geeigneten Wettkampf Schul DJMM (Deutsche Jugend Mannschaftsmeisterschaft). Zunächst war JTFO nur für die Sportarten Schwimmen und Leichtathletik ausgeschrieben. Somit waren es zuerst zwei Individualsportarten, die für diesen Mannschaftswettkampf ausgewählt wurden. Schon zu Gründungszeiten hatte dieser Wettkampf in seinen beiden Sportarten um die 16.500 Teilnehmer. Nur ein Jahr später folgten Geräteturnen und die erste Mannschaftssportart, Volleyball. Ab 1970 wurde der Sportartenkanon jährlich erweitert.

Heute gehören folgende Sportarten dazu:
Badminton, Basketball, Fußball, Geräteturnen, Hallenhandball, Hockey, Judo, Kanu, Leichtathletik, Rhythmische Sportgymnastik, Rudern, Schach, Schwimmen, Skilanglauf, Tennis, Tischtennis und Volleyball.
(vgl. Kirsch, 1974, S.163f., Thieß & Tschiene, 1999, S. 170f.).

JTFO ist laut eigenen Angaben mit ca. 800.000 Teilnehmerinnen und Teilnehmern der weltgrößte Schulsportwettkampf und wird jedes Jahr unter der Schirmherrschaft des Bundespräsidenten ausgetragen (Peters, 2009).

Bei JTFO gibt es ein Qualifikationssystem, dass die erfolgreichen Mannschaften von der Kreisebene bis zum Bundesfinale in Berlin führt:

- Stadt-/Kreissportfest
- Landesteil-/Bezirksfinale
- Landesfinale
- Bundesfinale

Die Wettkämpfe werden nach den internationalen Wettkampfbestimmungen (IWB) der Leichtathletik ausgetragen. In Schulmannschaften (12 Schüler) kämpft man um den Einzug in das Bundesfinale, welches in der Hauptstadt Berlin ausgetragen wird. Die

37

Wertung erfolgt getrennt nach Jungen und Mädchen, sowie den verschiedenen Altersklassen.

- Wettkampf I: 17 -19 Jahre

- Wettkampf II: 14-17 Jahre
  Jungen: 100 m, 1000m, 4 x 100 m-Staffel, Weitsprung,
               Hochsprung, Kugelstoßen (5 kg), Speerwurf (600 g)
  Mädchen: 100 m, 800 m, 4 x 100 m-Staffel, Weitsprung,
               Hochsprung, Kugelstoßen (4 kg), Speerwurf (600 g)

- Wettkampf III: 12-15 Jahre
  Jungen: 75 m, 1000 m, 4 x 75 m-Staffel, Weitsprung,
               Hochsprung, Kugelstoßen (4 kg), Ballwurf (200 g)
  Mädchen: 75 m, 800 m, 4 x 75 m-Staffel, Weitsprung,
               Hochsprung, Kugelstoßen (3 kg), Ballwurf (200 g)

- Wettkampf IV: 14 Jahre und jünger (Talentwettbewerb)

(Wöckel, 2009)

Die Wettkämpfe werden an einem Tag durchgeführt. Die dort erzielten Leistungen werden nach der DLV-Mehrkampfwertung in die entsprechenden Punkte umgerechnet. Pro Mannschaft sind höchstens zwei Staffeln zugelassen und jeder Teilnehmer darf für maximal drei Disziplinen, einschließlich Staffel eingesetzt werden.

Im Folgenden soll der Talentwettbewerb (Wettkampf IV) näher betrachtet werden, welcher bei JTFO Neuerungen einer angemessenen Kinder- und Jugendleichtathletik zeigt. Auf der Grundlage eines Beschlusses vom 14. März 2006 wurden in der 24. Sitzung der Kontaktkommission DOSB/KMK in Köln die bisherigen Konzepte der Vielseitigkeitswettkämpfe von JTFO in den Sportarten Badminton, Hockey, Judo, Leichtathletik, Schwimmen und Tischtennis ergänzt. Von den entsprechenden Spitzenverbänden dieser Sportarten wurden so genannte Talentwettbewerbe erarbeitet. Im Wettkampf IV will man durch ein vielseitiges Wettbewerbsprogramm den Bedürfnissen von Kindern und Jugendlichen gerecht werden.

Der Talentwettbewerb Leichtathletik ist ein Wettbewerb, an dem gemischte Mannschaften teilnehmen können. Eine Mannschaft besteht aus fünf Mädchen und fünf Jungen. Zusätzlich sollen zwei Schüler gemeldet werden, die in erster Linie als Ersatz bei Verletzungen eingesetzt werden.

Der Talentwettbewerb besteht aus Mannschaftswettbewerben:

1) Lauf (Sprint):   50 m Hochstart

                           40 m-Pendelstaffel (Hinweg: Slalom, Rückweg: Sprint)

2) Sprung: Zonenweitsprung (15 m Anlauf)

3) Wurf: kleiner Heulerball (15 m Anlauf)

4) Lauf (Ausdauer):   2000 m

Für die Disziplinen „Sprint, Sprung, Wurf und 2000m Ausdauerlauf" ergeben die erzielten Zeiten oder Weiten eine Platzziffer unter den Teilnehmern. Die Platzziffern einer Mannschaft werden addiert und ergeben ein Mannschaftsergebnis beziehungsweise eine Mannschaftsplatzziffer, die in die Gesamtwertung einfließt. In der

Gesamtwertung werden alle Platzziffern der Mannschaften aus jeder Disziplin addiert. Gewinner ist die Mannschaft mit der niedrigsten Gesamtsumme an Platzziffern.

Bei JTFO ist die Individualsportart Leichtathletik durch das Wertungssystem zu einem Mannschaftssport, bei dem sich Schulen untereinander messen, geworden.

Doch JTFO muss sich seit vielen Jahren berechtigter Kritik stellen. Dazu gehört die Frage warum nur bestimmte Altersgruppen zum Bundesfinale nach Berlin dürfen? Ebenso steht dieses Bundesfinale oft in der Kritik. Denn letztlich gelingt es nur Sportschulen und Internaten mit Nachwuchskaderathleten in ihren Reihen, bis ins Finale zu kommen und in Berlin anzutreten. Kritisch betrachtet kann man JTFO, zumindest in den Endkämpfen, als weitere Plattform für sportlich begabte Schüler sehen, die ohnehin schon gefördert werden (Sportverein, Landeskader, etc.).

1.3.4 Fun in Athletics und Kids` Athletics

Die Idee, auf der der in Deutschland stattfindende Wettbewerb basiert, stammt vom Briten George Brunner aus dem Jahr 1976. Brunner gründete 1984 die Organisation SPORTS HALL ATHLETICS ASSOCIATION (SHAA) um seine Idee der Kinderleichtathletik weiter zu verbreiten. Mit der SHAA gelang ihm die Bekanntmachung und Verbreitung von *Fun in Athletics* und brachte diesen Wettbewerb zu großem Erfolg. Die ursprüngliche Idee der SHAA war, eine eigene

Kinderleichtathletik als Hallenwettbewerb im Winter anzubieten. Doch mit der Zeit ist dieses Konzept stetig erweitert worden und umfasst gegenwärtig eine Vielfalt an Aktivitäten, die sowohl für die Halle, als auch für die Leichtathletik im Freien ausgelegt sind (vgl. Vonstein & Massin, 2001, S. 13ff.).

Anfang der 90er Jahre verbreitete sich Brunners Idee der Kinderleichtathletik erstmals über die Grenzen Großbritanniens hinaus. Mittlerweile wird dieses Konzept in sehr vielen Ländern angenommen und umgesetzt. Der Leichtathletikweltverband, die IAAF, steht schon seit einigen Jahren ebenfalls überzeugt hinter dieser Wettbewerbsform und verbreitet die Idee auf der ganzen Welt.

In Deutschland trug der Kongress des DLV *„Kinder in der Leichtathletik"* (Mainz, 1996) dazu bei, dass *Fun in Athletics* der Einstieg gelang. George Brunner nutzte die Gelegenheit und stellte den von ihm ins Leben gerufenen Wettbewerb auf diesem Kongress vor. Über die Notwendigkeit einer solchen Wettbewerbsform im Kinderbereich der Wettkampfleichtathletik waren sich beim Kongress alle einig. (vgl. Vonstein & Massin, 2001, S. 11f.). In den folgenden Jahren wurde über den Deutschen Sportbund, verschiedenen Lehrerfortbildungen,

41

Übungsleiterausbildungen und durch das von Dieter Massin gegründete *Fun-Team* die Idee und Durchführung eines solchen Wettbewerbs in Deutschland verbreitet. Bis heute erhält diese Art und Weise des Wettbewerbs in Deutschland sehr großen Zuspruch und es haben schon äußerst viele Kinder an diesen Wettbewerben teilgenommen.

In Deutschland wurde zwischenzeitlich das englische Original etwas modifiziert. Das etwas lauflastige Original wurde mit Blick auf die Vielseitigkeit (Springen, Werfen, Laufen, Sprinten) der Leichtathletik etwas abgeändert. Ebenso erfolgte eine Anpassung an deutsche Hallenverhältnisse. Mittlerweile hat sich die die deutsche Variante durchgesetzt, wird von der IAAF verbreitet und international bekannt gemacht (vgl. Vonstein & Massin, 2001, S. 19f.). Die deutsche Variante wird nun unter dem Namen *Kids` Athletics,* auch vom IAAF, als Nachwuchsprogramm verbreitet. In Deutschland steht dieser Wettbewerb unter der Schirmherrschaft der Bundesministerin für Familie, Senioren, Frauen und Jugend.

Eine Aussage der Gründungsväter in Deutschland, Dieter Massin und Winfried Vonstein bringt die Intention dieses Wettbewerbs auf den Punkt:

> *„Die KIDS´ ATHLETICS TOUR ist keine reduzierte Erwachsenen-Leichtathletik. Vielmehr wollen wir den Kindern ein altersgemäße Bewegungsform bieten, abgeleitet von den leichtathletischen Grundformen Laufen, Werfen und Springen",* (Schmitt, 2002)

Wie schon oben genannt, will der Fun in Athletics bzw. Kids`Athletics Wettbewerb durch kindgerechte Leichtathletikformen junge Menschen für die Sportart motivieren. In den Kategorien Lauf, Sprung und Wurf/Stoß gibt es unterschiedliche Übungen, die absolviert werden müssen. In Mannschaftswettbewerben werden die teilnehmenden Kinder spielerisch an die Leichtathletik herangeführt.

Aus dem Meldebogen für einen Fun in Athletics Wettbewerb ist gut ersichtlich in welche Kategorien Fun in Athletics aufgeteilt ist. Zu einer

Mannschaft gehören zehn Kinder, je fünf Mädchen und fünf Jungen. Jeder Teilnehmer startet pro Block zweimal. Beim *Grand Prix* im vierten Block müssen alle Kinder starten.

Das Wertungssystem wollte man bewusst einfach halten. Ziel dieses einfachen Wertungssystems ist es, eine schnelle und unmittelbare Auswertung nach dem Wettbewerb zu ermöglichen, deshalb ist die absolute Leistung für diese Wettbewerbsform unwichtig. Es werden Platzierungspunkte für die Mannschaften vergeben. Das Team mit dem schwächsten Ergebnis erhält dann jeweils pro Disziplin einen Punkt, das Team mit der besten Leistung die höchste Punktzahl. Diese ergibt sich aus der Anzahl der teilnehmenden Mannschaften. Folglich ist die Mannschaft mit der höchsten Gesamtpunktzahl Sieger des Wettbewerbs (vgl. Vronstein & Massin, 2001, S.31ff.).

Dieses sehr gute Konzept einer schülergerechten Leichtathletik sollte als eine Möglichkeit, für die Gestaltung eines Kinderleichtathletikwettkampfes in der Leichtathletikausbildung von Sportlehrern und Trainern gelehrt werden.

Block 1 / Lauf 　　Umkehrläufe 　　Staffeln: Hürdensprint und Hindernissprint
Block 2 / Sprung 　　Standweitsprung, Speed Bounce, Vertikalsprung, Dreierhopp
Block 3 / Wurf / Stoß 　　Einwurf (Kniestand und beidarmig), Speerwurf (Stand) 　　Zielwurf (Stand), Baumstammwurf
Block 4 / Lauf 　　Grand Prix

Tab. 5: Disziplinen bei Fun in Athletics

43

1.3.5 Blödel-, Spaß-, und Funwettbewerbe

Blödel-, Spaß-, und Funolympiaden sind Wettbewerbe, die nach dem Motto „Sport muss Spaß machen" im Sog didaktischer Spaßkonzepte entstanden, um Kinder wieder zum Sporttreiben zu begeistern.

In der Kinder- und Jugendphase gibt es für den Sportwissenschaftler *Prohl* zwei zentrale Entwicklungsaufgaben. Die Persönlichkeitsentwicklung und die Sozialentwicklung. Darin sieht er jedoch gravierende Unbeständigkeiten und Widersprüche. Das Problem sieht er in der starken *„Enttraditionalisierung, Entstrukturierung und Individualisierung".* *Prohl* spricht von einer *„zwiespältigen Reaktion auf gesellschaftliche Wandlungsprozesse".* Auf der einen Seite wird versucht der Individualisierung nachzukommen, indem der Spaß in den Mittelpunkt sportlichen Tuns gerückt wird. Denn für sportdidaktische Spaßkonzepte ist der Spaß als Leitkategorie das Hauptmotiv. Auf der anderen Seite gibt es vor allem im Schulsport eine gewisse Kulturorientierung um das klassische Erziehungsziel *„die Einführung einer jungen Generation in das kulturelle Erbe einer Gesellschaft"* anzustreben (Prohl, 1999, S.127).

Dem Ansatz, bei dem der Spaß im Mittelpunkt steht, folgen auch alle Blödel-, Spaß-, und Funwettbewerbe. Zu den Vertretern, die den Spaß als didaktische Leitkategorie im Sportunterricht fordern, zählt unter anderem *Bräutigam* (vgl. Bräutigam,1997, 203ff.). Diese Ansicht beruht auf der Überzeugung, dass Spaß heute für Kinder und Jugendliche die Basismotivation ist, um Sport zu treiben. Dem widerspricht Balz, er verweist auf eine korrekte Begriffswahl und kommt zu der Forderung nach der die *„Freude am Sporttreiben"* im Mittelpunkt stehen sollte (vgl. Balz, 1994, S. 468ff.).

Bei Wettbewerben die mit Blödsinn, Spaß und Fun für sich werben, sollte man sich zuerst mit den Begrifflichkeiten und den dahinter steckenden

Gesellschaftsformen befassen. Diese Wettbewerbe zielen auf die Spaß- und Erlebnisgesellschaft ab. Die Spaßgesellschaft ist ein Begriff, der meist abwertend seit den 90er Jahren auftaucht. Verwendung findet dieser Begriff in der Wirtschaft, an der Börse oder beim Konsum- und Freizeitverhalten der jungen Generation. Viele Kritiker weisen darauf hin, dass der Begriff Spaß nicht mit Freude gleichgesetzt werden darf. Spaß steht für eine kurzweilige Action und für neue, verrückte Unterhaltung im Sportbereich, bei der man sich ständig einen neuen „Kick" holt. Freude hingegen hat man an einer Sache. Von Freude kann man sprechen, wenn man Kinder im Sport für etwas dauerhaft begeistern kann. Freude wächst im inneren Bewusstsein und entsteht durch die individuelle Auseinandersetzung mit einer Aufgabe. Die Folge ist, dass sich die Kinder gerne und intensiv mit diesem Sport beschäftigen und lang anhaltendes Interesse zeigen (siehe hierzu auch Horn, 2002, S. 197).

Bei der „Spaßdidaktik" dagegen, entfallen langes Üben und Trainieren. Sobald es anstrengend wird, schaut man sich nach etwas Neuem um. Die Folge formuliert Horn ganz treffend: *„Der Verlust des sportlichen Niveaus scheint bei dieser Einstellung unausweichlich."* (Horn, 2002, S.82).

Dem Spaßkonzept folgend, dass in den 90er Jahren sehr stark aufkam und bis heute viele Anhänger findet, gibt es für die Leichtathletik verschiedenste Formen von Wettbewerben, die leider allzu oft ihren Bezug zu diesem Sport offen lassen. Zur Verdeutlichung folgend ein paar beispielhafte Wettbewerbsformen. Solche Wettbewerbe sind meist lokal begrenzt, von Schulen oder Vereinen selbst erstellt und daher in unterschiedlichster Ausführung und Umsetzung vorzufinden.

Es gibt Wettbewerbe wie:

- die Strandolympiade
- die Blödelolympiade
- die Spaßolympiade oder
- die Fun Olympics

Zu den Disziplinen gehören z. B.:

- Erbsen ausgraben
- Erbsen- / Kirschkernweitspucken
- Loch buddeln
- Luftballonstoßen
- Teebeutelweitwurf
- Ringwurf
- Strohhalmwerfen
- Büchsenschießen
- Eckentauziehen
- Kegeln mit Frisbeescheiben
- Weitschießen mit Mülleimern
- Wassertragen mit Schwämmen
- Seifenblasen - Zielpusten
- Handfegerweitwurf
- usw.

Ausgetragen werden diese Wettbewerbe als Mannschafts- oder Individualwettbewerbe.

Solche Wettbewerbe sollte man immer kritisch hinterfragen. Der sportliche Sinn ist nur eingeschränkt erkennbar. Bei den meisten Aufgaben handelt es sich mehr oder weniger um unterhaltsame Bewegungsformen als Wettbewerb verpackt, um die Teilnehmer zu

46

amüsieren und zu unterhalten. Solche Wettbewerbe sind meiner Meinung nach höchstens für Projekttage, Schullandheime, Kinderfeste oder ähnliches pädagogisch denkbar, um die Schüler bei selbständiger Gestaltung solcher Stationen und spielerischer Ausführung in ihrer Kreativität zu fördern. Doch sportliche Ziele sind damit bei den Schülern nicht zu erreichen.

Positiv festzuhalten bei diesen Wettbewerben gilt, dass bei diesen Konzepten meistens erkannt wurde, dass jede erbrachte „Leistung" zu würdigen ist, und alle Teilnehmer am Ende des Wettbewerbs eine Auszeichnung in Form einer Urkunde oder Medaille bekommen.

1.3.6 Sportabzeichen

Das Sportabzeichen ist eigentlich kein Leichtathletikwettkampf sondern eine Vielseitigkeitsprüfung. Es ist jedoch wichtig Deutschlands ältesten Sportorden zu betrachten, da er sehr leichtathletisch geprägt ist. So besteht die Möglichkeit, das Sportabzeichen mit vier Leichtathletik Disziplinen und einer Schwimmdisziplin abzulegen.

Der Sportfunktionär Carl Diem hat das Sportabzeichen initiiert. Er stellte den Antrag auf die Einführung eines Deutschen Sportabzeichens. Am 10.11.1912 beschloss die Hauptversammlung des Deutschen Reichsausschusses für Olympische Spiele diese Auszeichnung für vielfältige Leistung auf dem Gebiet der Leibesübungen einzuführen. Der Begriff Sportabzeichen wurde damals noch vermieden, um die Turner mit einer gleichlautenden Ehrung nicht zu verärgern. Im Spätsommer 1913 wurden anlässlich des Jugend-Spielfestes die ersten Auszeichnungen in Berlin vergeben. Im Jahr 1921 führte man das Sportabzeichen auch für Frauen ein. Im selben Jahr wurde der Name in Deutsches Turn- und Sportabzeichen geändert. Mitte der 20er Jahre führte man das Reichsjugendabzeichen ein, -erst für die Jungen, ein paar Jahre später auch für die Mädchen. Als 1933 der Nationalsozialismus in Deutschland auch die Kontrolle über den Sport übernahm, erkannte das NS-Regime, dass das Sportabzeichen gut in seinem Konzept zur Gesunderhaltung der Bevölkerung passte und der Sportorden entging damit der Abschaffung. Ein paar Jahre nach dem zweiten Weltkrieg beschloss der Deutsche Sportbund (DSB) die Einführung eines einheitlichen Sportabzeichens für Männer, Frauen und Jugendliche. Ab dem 01.04.1952 traten die bundeseinheitlich neu verabschiedeten Bedingungen für das Sportabzeichen in Kraft. Ab diesem Datum galt für alle abgelegten Prüfungen das neue Regelwerk. Ein Jahr später konnten die Prüfungen auch im Schulsport abgenommen werden. Damit wollte man vor allem Kinder und Jugendliche für das Sportabzeichen gewinnen. In den folgenden zwei Jahrzehnten erhielt die Bundeswehr die Prüfberechtigung und machte es zur zwingenden Aufnahmebedingung für Offiziersanwärter. Das Sportabzeichen wurde zur einzigen gesetzlich anerkannten und geschützten Sportauszeichnung gemacht. Es ermöglicht auch versehrten Sportlern die Prüfung zu absolvieren. Ebenso wurde ein Schülersportabzeichen verbreitet. 1976 folgte eine Reform des Sportabzeichens und es wurden neue Altersklassen und Bedingungen eingeführt (vgl. Laugsch).

Der Träger des Sportabzeichens ist der Deutsche Olympische Sportbund (DOSB). Bis heute blieb der Grundgedanke des Sportabzeichens erhalten: In fünf Leistungsgruppen werden motorische Grundlagen wie Ausdauer, Schnell- und Sprungkraft sowie Schnelligkeit geprüft. Aus jeder Gruppe muss eine Übung erfolgreich absolviert werden. Somit ist das Sportabzeichen eine Auszeichnung, die für fünffache gute Leistung verliehen wird. Das Sportabzeichen richtet sich auf den Breitensport in Deutschland. Obwohl das Sportabzeichen eine Vielseitigkeitsprüfung ist, darf man die Leichtathletiklastigkeit nicht außer Acht lassen. Außer Block 1 bei dem jeder eine Schwimmstrecke wählen kann, sind in den Gruppen zwei bis fünf der Großteil der zur Wahl stehen Möglichkeiten, leichtathletische Disziplinen (siehe Anhang).

- Gruppe 1: Allgemeine Schwimmfähigkeit
- Gruppe 2: Sprungkraft
- Gruppe 3: Schnelligkeit
- Gruppe 4: Schnellkraft
- Gruppe 5: Ausdauer
- Die Zusatzangebote

1.3.7 DLV Mehrkampfabzeichen

Für das Mehrkampfabzeichen sind die einzelnen Landesverbände der Leichtathletik zuständig. Es ist ein Breitensportangebot des Deutschen Leichtathletik-Verbandes (DLV) und der Leichtathletiklandesverbände. In Baden-Württemberg wird das Mehrkampfabzeichen auch oft Mehrkampfnadel genannt, da die Auszeichnung aus einer Urkunde und einer Nadel besteht. Sie wurde bereits 1951, im Gründungsjahr des Württembergischen Leichtathletik-Verbandes (WLV), eingeführt.

Um das Mehrkampfabzeichen zu erwerben, ist es nicht erforderlich einem Verein anzugehören. Es wird deshalb auch oft von Schulen als Wettkampfangebot für ihre Schüler gewählt.

Die Disziplinen sind für jede Altersklasse vorgegeben. Sie orientieren sich stark an dem Schüler- und Jugendwettkampfsport der Leichtathletik. Es werden also leichtathletische Drei- beziehungsweise Vierkämpfe gefordert. Die erbrachten Leistungen müssen über Punktetabellen umgerechnet und addiert werden. Das daraus resultierende Ergebnis wird mit der Mindestpunktzahl der entsprechenden Altersklasse verglichen, so dass am Ende das "DLV-Mehrkampfabzeichen" in Bronze,

Silber oder in Gold verliehen werden kann. Über die Farbe der Medaille entscheidet die Gesamtpunktzahl (siehe Anhang).

1.3.8 Ausblick auf neue Angebote

Im Moment gibt es von allen Seiten ein klares Bekenntnis zu den BJS und dem Kids-Athletics Wettbewerb. Man will daran festhalten und weiter an der Verbreitung und Umsetzung in Schule und Verein arbeiten. Aber auch die Wettkampfangebote wie JTFO und Sportabzeichen werden weiterhin angeboten und von Schulen, Verbänden und privaten Sponsoren unterstützt.

Für die Zukunft ist ein weiterer neuer Wettbewerb vom DLV geplant. Der DLV will 2010 einen Bundesschulstaffel-Tag initiieren. *„Wir wollen mit den Schulen unsere Sportart attraktiv präsentieren"*, erklärte DLV-Präsident Dr. Clemens Prokop am 21.02.2008 bei der Auftaktpressekonferenz der Deutschen Hallen-Meisterschaften in Leipzig. An dem Staffeltag, der für Gemeinschafts- und Campgefühl sorgen will, sollen 100 Schulen mit je zehn Staffeln teilnehmen. Diese bestehen aus jeweils fünf Mädchen und Jungen (vgl. Fuchs, 2009).

1.3.9 Kritik

Nach heftiger Kritik an den zu geringen Bewegungszeiten, Verweigerungen durch schwache Schüler und an der Leichtathletik als leistungs- und wettkampforientierte Sportart, hat sich in den vergangenen Jahren viel geändert. Beispiele hierfür sind die seit 2001 bei den BJS komplett neue Konzeption mit Wettbewerb und Mehrkampf, bei JTFO der mit ins Programm genommene Wettbewerb IV, völlige Neuentwicklungen wie dem Fun in Athletics, oder verschiedenste Formen von Blödel- und Spaßwettbewerben. Trotz vielen neuen Formen gibt es auch weiterhin ein Festhalten an der traditionellen Leichtathletik.

Die BJS bieten als dritte Möglichkeit ebenso den klassischen Wettkampf unverändert an. Bei den JTFO Wettkämpfen messen sich die Schulen nach wie vor in den klassischen Leichtathletikdisziplinen, nur eben ergänzt um den Wettbewerb IV, der speziell auf die unter 14-jährigen ausgerichtet ist. Kritisch betrachten kann man weiterhin das Bundesfinale in Berlin welches als Plattform von Nachwuchskader Athleten gesehen werden kann. Die hier vertretenen Schulen sind fast ausschließlich Sportschulen und –internate, während „normale" Schulen eigentlich chancenlos sind, das Finale zu erreichen.

Auch die eher auf den Breitensport ausgerichteten, aber trotzdem oft in der Schule Beachtung findenden Wettkämpfe bleiben ihren Konzeptionen treu. Das Sportabzeichen will nach wie vor individuelle und vielseitige Leistungen, aber eben in den traditionellen Leichtathletikdisziplinen. Obwohl beim Erwerb des Sportabzeichens der Leichtathletik eine zentrale Rolle zukommt, werden für Kinder und Jugendliche keine schülergerechten Wettbewerbsformen angeboten. Ähnlich verhält es sich bei dem Mehrkampfabzeichen. Diese Auszeichnung der Landesverbände des DLV orientierte sich schon immer an der leichtathletischen Wettkampfform Mehrkampf und fordert in den verschiedenen Bereichen Lauf, Sprint, Sprung und Wurf bzw. Stoß von den Teilnehmern gewisse Leistungen ab, um die geforderte Gesamtpunktzahl zu erreichen. Insgesamt muss man aber allen Wettkämpfen und Wettbewerben für die Schulen, zugute halten, dass sie auf einen Mehrkampf, also auf Vielseitigkeitsanforderungen ausgelegt sind.

Wenn man nun die veränderten Wettbewerbe mit den aktuellen Vorgaben des DLV vergleicht, sieht man inhaltlich größtenteils die aktuellen Ansprüche umgesetzt. Es ist unschwer zu erkennen, dass die Neukonzeptionen der BJS, dem Wettbewerb IV des JTFO und den Fun in Athletics Wettbewerben gemeinsam von Verband und Schule entwickelt wurden. Alle Disziplinen oder Übungen dieser Wettbewerbe findet man in den aktuellen Lehrbüchern des DLV wieder. Ob *Katzenbogner, Eberle* oder andere Autoren von aktuellen Lehrbüchern für die Leichtathletik in der Schule, - alle haben die gleichen Ziele:

- Neue Formen leichtathletischer Disziplinen, die den Möglichkeiten der Schüler angemessen sind.
- Leichtathletik in der Schule darf nicht nur reduzierte Erwachsenenleichtathletik sein.
- Spielerische Vermittlung leichtathletischer Grundformen: abwechslungsreich, reizvoll, herausfordernd.
- Freude an der Vielzahl der Bewegungsformen der Leichtathletik wecken.

Bei den Leichtathletikwettkämpfen für die Schule kritisierte man vor allem, dass es sich um *Wartespiele* handelte. Hier haben die neuen Wettbewerbsformen einen deutlichen Fortschritt zum klassischen Drei- oder Vierkampf gemacht. Trotzdem ist die Bewegungszeit im Verhältnis zur Wartezeit viel zu gering, wenn man seinen Blick öffnet, andere Sportarten betrachtet und die Leichtathletik mit anderen Sportarten vergleicht. Einzig bei Fun in Athletics ist es auch gelungen aus *Wartespielen* mit geringer Bewegungszeit, ein Sportfest zu schaffen, bei dem die Teilnehmer während der Veranstaltungszeit deutlich geringere „Wartezeiten" haben. Solange die Bewegungszeit innerhalb eines Wettbewerbs nicht entscheidend gesteigert wird, kann man an vielen Kleinigkeiten ansetzten ohne eine wirkliche Richtungsänderung zu erreichen.

> **Es gilt einen Wettbewerb als Ganzes zu erstellen. Das heißt von der gemeinsamen Erwärmung über optimal ausgelastete Stationen im Hauptteil bis hin zum gemeinsamen Cool-Down.**

Allein die einzelnen Stationen schülergerecht zu präsentieren ist zwar ein guter erster Schritt, jedoch noch keine endgültige Optimalform der Kinderleichtathletik als Wettbewerbsform wie die neuen Bundesjugendspiele oder der Wettkampf IV bei Jugend trainiert für Olympia oft angepriesen werden.

An den älteren Wettkampfformen wird oft bemängelt, dass dem Alter angemessene Wettbewerbe fehlen und dass die Individualsportart Leichtathletik schwächere Schüler demotiviere, da sie in der Leichtathletik gezwungen werden vor den Mitschülern ihr sportliches Können unter Beweis zu stellen. Die BJS und JTFO reagierten mit Änderungen und ergänzend kamen vom DLV neu entwickelte Wettbewerbe wie beispielsweise der Fun in Athletics hinzu. Bei JTFO und Fun in Athletics will man der Kritik an den Einzelleistungen und der damit verbundenen Blosstellung schwacher Schüler durch Teamwettbewerbe gerecht werden. Doch erreicht man dadurch eine Besserung? (siehe dazu Kapitel 1.6)

Alle neue Konzepte und Änderungen, aber auch das Festhalten an der bisherigen Form, wie das Sportabzeichen oder die Mehrkampfnadel werden von den Verantwortlichen begründet dargelegt. Letztlich spricht auch dies wieder für die Vielfalt der Sportart Leichtathletik. Doch sollte im Schul- und Vereinssport durch dem Alter und Können der Kinder geeignete Wettbewerbe, und für einzelne auch ein Wettkampf bedacht ausgewählt werden. Der Ansatz durch Spaß- und Blödelolympiaden alle Kinder wieder für die Leichtathletik zu begeistern, ist jedenfalls nicht das richtige Konzept um Kinder längerfristig an diese Sportart zu binden (wie in Kapitel 1.3.5 beschrieben).

Was in den unterschiedlichen Wettkämpfen und Wettbewerben bisher kaum Beachtung fand, da es als selbstverständlich angesehen wird, ist die Altersklasseneinteilung. Beachten muss man die einzelnen Entwicklungsabschnitte eines Kindes und Jugendlichen. Jede Einteilung nach Phasen hat schematischen Charakter. Gemeint ist hiermit, dass im Wettkampfsport immer nach dem kalendarischen Alter, d.h. nach feststehenden Geburtsjahren eingeteilt und gewertet wird. Eckhard Notdurft macht bei seinen aktuellen Fortbildungen Teilnehmer aus Verein und Schule darauf aufmerksam, was zeigt, dass hier immer noch ein großes Defizit besteht (Nothdurft, 2009, Vortrag). Denn bereits 1974 kritisierte Kirsch die Einteilung nach kalendarischem Alter und forderte, *„dass 6- bis 9-Jährige in die Kinderklasse, 10- bis 14-Jährige in die Schülerklasse, die 14- bis 18-Jährigen in die Jugendklasse und die über 18 Jahre alten Sportler in die Erwachsenenklasse"* gehören und in diesen Klassen *„Große und Kleine, Dicke und Dünne, Früh- und Spätentwickelte"* vereinigt werden. Ein guter Schülerleichtathletikwettbewerb zeichnet sich dadurch aus, dass diese Problematik erkannt und im Wertungssystem beachtet wird.

1.4 Die Begriffe Wettkampf und Wettbewerb

Es gibt gewisse Unterschiede zwischen diesen beiden Begriffen, welche für die Schülerleichtathletik von zentraler Bedeutung sind.

Doch in Wörterbüchern und Lexika, wie auch in unserem alltäglichen Sprachgebrauch werden beide Wörter meistens synonym verwendet.

„Wettbewerb: *Wettkampf in einer Sportart oder Disziplin"*

„Wettkampf: *Form des Wettbewerbs zwischen einzelnen Sportlern oder Mannschaften in einer Sportart oder in einer Disziplin."*
(Brockhaus, 2007, S.528)

Der Brockhaus beispielsweise bedient sich jeweils des Synonyms, um den gefragten Bergriff zu erklären. Fachlexika wie zum Beispiel, das Wörterbuch der Sportwissenschaft (1987) und das Sportwissenschaftliche Lexikon (2007) widmen sich jeweils nur dem Begriff des Wettkampfes und erläutern diesen näher.

„Wettkampf bezeichnet im Sport eine unter der Maxime der Chancengleichheit vorab geregelte Auseinandersetzung zwischen Individuen, Gruppen, Mannschaften oder Nationen." (Beyer, 1987, S. 731; Röthig & Prohl, 2007, S.652 f.)

„Der Wettkampf ist ein Erlebnis des Mit- und Gegeneinanders, des Leistungsvergleichs und Siegens (oder Unterliegens) im Rahmen sportlicher Regeln..." (Röthig & Prohl, 2007, S.652f.)

Wenn man das Wort Leichtathletik betrachtet, stellt man ebenfalls die Nähe zum Wettkampf fest. Leichtathletik ist vom griechischen „athlon" (Wettkampf) abgeleitet. Da sich selbst der Begriff „Leichtathletik" um das Wort Wettkampf dreht, ist ein kurzer Blick auf die Entstehung dieser Sportart interessant.

Die Herausbildung der Wettkampfsportart Leichtathletik begann in der zweiten Hälfte des 19. Jahrhunderts in England. In Deutschland ist die

Sportart Leichtathletik durch den ersten öffentlichen Wettkampf im Sommer 1880 in Hamburg angekommen. In den folgenden 40 Jahren kam es zu einer großen Verbreitung dieser Sportart in Deutschland. Ab 1920 wird sie zunehmend einflussreicher. Das Wettkampfsystem und die Wettkampfregeln sind vor allem durch die englische Leichtathletik geformt (vgl. Bauersfeld, 1992, S.11ff.).

Bis heute ist die Sportart Leichtathletik von ihrer Nähe zum Wettkampf geprägt. Ein Merkmal, dass den Leichtathletikwettkampf auszeichnet, ist seine einfache Struktur. Deshalb ist er für jeden Athleten und Zuschauer leicht verständlich und nachvollziehbar. Die Wettkämpfe sorgen von ihrer Grundidee für Spannung und Dramatik und zeigen die Athleten einer besonderen Ästhetik (vgl. Digel, 1997, S.131). Digel spricht von einer *„Zeigefunktion der Leichtathletik für unsere Gesellschaft."* Dem Wettkampf der Leichtathletik komme eine Funktion für die Gesellschaft zu, die in kaum einer anderen Sportart, sogar kaum einem anderen Lebensbereich dem Menschen so eindeutig mit Fairplay den Begriff der eigenen Leistung näher bringt. *„[...]während in den meisten Lebensbereichen Leistung oft undurchschaubar ist und nur noch von wenigen Experten gewürdigt werden kann, sind die in der Leichtathletik erbrachten Leistungen für jedermann verständlich."* Weiter sieht Digel im Leichtathletikwettkampf eine *„eigene Welt mit einer eigenen Ordnung"* (Digel, 1997, S. 128). In der Leichtathletik zählen nur objektive Ergebnisse, was dazu führt, dass es eine der gerechtesten Sportarten überhaupt ist. Alle Sportler werden mit dem gleichen Maßband oder Stoppuhr gemessen. Es werden keine Haltungsnoten vergeben, es zählt allein das messbare Ergebnis. Auch soziale Probleme kennt die Sportart Leichtathletik nicht, was auch auf ihr Wettkampfsystem und ihre Wettkampfregeln zurückzuführen ist. Hautfarbe, Herkunft und Bildungstand sind menschliche Unterschiede, die bei Leichtathletikwettkämpfen von der Kreisebene bis zu

Weltmeisterschaften oder den Olympischen Spielen keine Rolle spielen und so in der Individualsportart Leichtathletik für ein ganz eigenes Gemeinschaftserlebnis unter den Sportlern sorgen.

Doch was ist nun mit dem Begriff des Wettbewerbs? Ist denn Leichtathletik nicht mehr als der Leichtathletikwettkampf selbst?

Die Leichtathletik ist eine Wettkampf- und Leistungssportart mit eindeutig festgelegten Anforderungen. Aber die schon beschriebenen Funktionen als Grund- und Zentralsportart (siehe dazu das Kapitel 1.1) zeigen, dass diese Sportart vielmehr zu leisten vermag. Leider ist die Leichtathletik oft nur als reine Wettkampfsportart in den Köpfen vieler Menschen verankert (vgl. Vonstein & Massin, 2001, S.23).

Beim Blick auf den unterschiedlichen Wortstamm beider Begriffe lassen sich bereits Unterschiede erahnen. Beim Wettkampf, wird um den Sieg gegeneinander gekämpft. Ob dies als Individualleistung oder in der Mannschaft stattfindet, spielt hierbei keine Rolle. Hier dominiert das zentrale Ziel des Sieges, um welches jeder, nach international festgelegten Regeln bereit ist zu kämpfen.

Beim Wettbewerb hingegen steht der Erwerb von etwas im Mittelpunkt. Das was es zu erreichen und zu gewinnen gibt, möchte man bei einem Wettbewerb durch seine sportliche Leistung erwerben. Während sich die Kernmorpheme {kampf} und {be/werb} beider Begriffe unterscheiden, sind die Präfixe {Wett} identisch und unterstreichen wiederum ihre Ähnlichkeit zueinander.

Im Bezug auf die Leichtathletik ist es letztendlich schwer aber wichtig diese Begriffe zu unterscheiden. In der Leichtathletik gerade im Schülersportbereich hat man sich auf ein gemeinsames Verständnis geeinigt.

Ein wesentliches Merkmal des Wettkampfes ist der Leistungsgedanke. Bei einem Leichtathletikwettkampf steht die Leistung des Athleten im Mittelpunkt. Je nach Disziplin ist die erreichte Höhe, Weite oder Zeit entscheidend. Im Mehrkampf werden über eine international festgelegte Punktetabelle die Leistungen in Punkte umgerechnet und auf die erreichte Punktzahl, eine Platzierung oder im Schulsport eine Note vergeben. Der Wettbewerb hat keine Punktetabelle, sondern ein Punktesystem. Bei einem Wettbewerb ist es trotzdem manchmal von Nöten, auf eine Stoppuhr zurückzugreifen. Die gemessene Zeit wird im Punktesystem, ähnlich wie beim Wettkampf, umgerechnet. Weiterer Unterschied ist, dass bei einem Wettbewerb die erreichte Höhe, Weite oder Zeit nicht allein im Mittelpunkt steht. Während bei der Punktetabelle des Wettkampfes immer eine gewisse Leistung gefordert wird, um überhaupt die ersten Punkte zu erreichen, bekommt man bei einem Wettbewerb bereits für jede erbrachte Leistung einen Punkt. Diese pädagogisch sinnvolle Punktevergabe, dass jede Leistung, mindestens einen Punkt Wert ist, zeichnet die Punktevergabe eines Punktesystems aus. Beim Wettkampf stattdessen muss oftmals eine Leistung eines Teilnehmers mit Null bewertet werden. Weiterer Unterschied ist die starke Differenzierung im Wettkampf. Während für jeden Altersjahrgang und für jedes Geschlecht eine eigene Punktevergabe in sehr kleinen Abschnitten, in Zentimetern oder Hundertstelsekunden genau abgestimmt ist, ist das Punktesystem des Wettbewerbs breiter ausgelegt und berücksichtigt die Probleme der strikten Einteilung nach kalendarischem Alter. Auch das Wertungssystem zwischen Wettkampf und Wettbewerb unterscheidet sich wesentlich. Beim Wettkampf gib es nur einen Sieger und eine Ergebnisreihenfolge nach Platzierungen. Beim Wettbewerb hingegen wird jede erbrachte Leistung entsprechend gewürdigt. Beim Wettbewerb soll jeder Teilnehmer der eine sportliche Leistung erbracht hat, egal auf welchem Niveau und nicht nur der

Erstplatzierte als Gewinner gewürdigt werden. Als Sieger wird in einem Wettbewerb nicht nur der Leistungsbeste angeführt, sondern bezeichnet alle Teilnehmer die den Wettbewerb mit eigener körperlicher Leistung absolviert haben.

Der Leichtathletikwettkampf wird oft als reduzierte Erwachsenenleichtathletik bezeichnet, da die Wettkampfregeln national und international genormt sind und im Großen und Ganzen mit den Regeln der Aktiven Leichtathleten übereinstimmen. Die Regeln eines Wettbewerbs hingegen versuchen auf das Alter und Können der Teilnehmer abgestimmt zu sein und haben nicht das Ziel den Teilnehmer in möglichst jungem Alter schon auf die oftmals harten Wettkampfregeln der Aktiven vorzubereiten. Denkt man beispielsweise an den Absprungbalken beim Weitsprung oder die neue IAAF-Fehlstartregel 162.7, welche keinen Fehlstart erlaubt, sind dies für Kinder und Jugendliche oftmals Auslöser für Frustrationserlebnisse, welche sehr schnell eine Ablehnung der Sportart Leichtathletik nach sich ziehen können.

Geeinigt auf die eben beschriebenen Unterschiede der Wettkampf- und Wettbewerbsleichtathletik hat man sich bei der Neukonzeption der BJS (2001). Hier hat man auch bewusst die Namen Wettbewerb und Wettkampf für die beiden Sportangebote gewählt, um die unterschiedliche Auffassung über diese beiden Begriffe bei Verband und Schule zu verdeutlichen.

Bei den vorgestellten Veranstaltungen handelt es sich demnach sowohl beim Sportabzeichen und der Mehrkampfnadel um einen Wettkampf. Fun in Athletics und viele Blödel- und Funveranstaltungen sind zu den Wettbewerben zu zählen. Bei den BJS und JTFO ist beides zu finden. Seltsamerweise nennt man bei JTFO den Talentwettbewerb immer noch Wettkampf IV in Anlehnung an die anderen Wettkampfformen dieser Veranstaltung. Doch bei richtiger Auslegung der aktuellen Auffassung vom DLV handelt es sich bei diesem Wettkampf IV um einen Wettbewerb.

1.5 Notwendigkeit des Übens in der Leichtathletik

Auch wenn der Wettkampf und der Wettbewerb von so zentraler Bedeutung sind für die Sportart Leichtathletik, handelt es sich hierbei nicht um die Sportart selbst, sondern um die Highlights, bei denen sich jeder Sportler mit sich selbst oder mit anderen messen kann. Doch wie in allen anderen Sportarten auch, ist das Trainieren und Üben, das Wichtigste. Es ist allerdings auf Grund des großen Leistungsbezuges dieser Sportart noch viel gewichtiger, als bei vielen anderen Sportarten. Deshalb sollte in der Leichtathletik das Training und der Wettkampf, bei Kinder und Jugendlichen ein Üben, Wetteifern und ein sich gegenseitiges Messen in Wettbewerben in eine Einheit übergehen. Das Training und das Üben stehen als kontinuierlicher Lernprozess den Highlights, also den Wettkämpfen oder Wettbewerben voran. Üben war nicht immer von zentraler Bedeutung. Mitte der 90er Jahre, als die große Spaß- und Erlebniswelle über die Gesellschaft schwappte, war das Üben auch im Schulsport oft in Verruf geraten. In der so genannten „Spaß- und Kuschelpädagogik" sind das sich Anstrengen, das Leisten und ein damit verbundenes Üben und Trainieren so gut wie nicht vorhanden (vgl. Hummel, 2005, S.353). Denn Spaß haben einerseits, sowie an etwas festhalten und daran Üben andererseits, ist für viele nicht zusammenzubringen (siehe dazu auch Kapitel 1.3.5).

Glücklicherweise war auch diese Strömung nicht von Dauer und man kann heute einen Perspektivwechsel erkennen. Üben stellt heute zusammen mit Spielen, Gestalten und Leisten die Grundform dar, welche im Bewegungs- und Sportunterricht die Bildung der Schüler ausmachen sollte (vgl. Bollnow, 1991, S.51; Horn, 2009, S.183f.). Man muss die Schüler dazu bringen, sich selbst erreichbare Ziele zu setzen. Erst dann weckt man bei ihnen die Freude etwas können zu wollen und motiviert die Kinder zum Üben damit das Ziel erreicht wird. (vgl. Bollnow, 1991, S.44). Hummel fordert, dass sich die Sportkultur in Zukunft auf drei Kriterien festlegen soll. Die Sport- und Bewegungsvielfalt, das sportliche Können und Leisten und das sportliche Verhalten in Verbindung mit Fairness und Fairplay. Mit dem zweiten Kriterium dem sportlichen Können und Leisten geht das Üben einher und sollte somit heute wieder eine zentrale Rolle im Sport spielen. (vgl. Hummel, 2005, S.353). Letztlich ist Hummel zurecht davon überzeugt, dass *„Üben, Trainieren und Belasten... einen erfolgsversprechenden Weg für nachhaltig wirksame Erziehung von Kindern und Jugendlichen [kennzeichnet] und deren Befähigung zum selbständigen Sporttreiben"* (Hummel, 2005, S.353).

Wettkämpfe und Wettbewerbe sollen der eigenen Leistungskontrolle, zum Ermitteln des eigenen Trainings- und Leistungsstandes und der Fremdkontrolle dienen. Weiter dienen sie als herausforderndes Erlebnis, um sich mit anderen zu messen. Für die Motivation der Kinder beim Üben im Sportunterricht bedeutet dies, dass die Sportlehrer stets ihren Unterricht daraufhin überprüfen sollten, inwieweit die Schüler gefördert werden. Diese Förderung auf unterschiedliche Arten in der Schule kommt allen Kindern und Jugendlichen in ihrem zukünftigen Leben zugute. Deshalb ist ein mehrperspektivischer Sportunterricht, auch wenn oftmals entgegen Schülerwünschen, nötig. (vgl. Horn, 2009)
Kurz formulierte hierzu die Sinnperspektiven und die pädagogischen Perspektiven eines Sportunterrichts. Die Aufgabe des Schul-, aber auch Vereinsports sollte es sein, den Schülern alle folgenden Perspektiven zu vermitteln.

Sinnperspektiven:

- *Leistung*
- *Wagnis*
- *Miteinander*
- *Gesundheit*
- *Eindruck*
- *Ausdruck*

Pädagogische Perspektiven:

- *das Leisten erfahren und reflektieren*
- *gemeinsam handeln, wettkämpfen und sich verständigen*
- *Wahrnehmungsfähigkeit verbessern, Bewegungserfahrungen erweitern*
- *sich körperlich ausdrücken, Bewegungen gestalten*
- *die Fitness verbessern, Gesundheitsbewusstsein entwickeln*
- *etwas wagen und verantworten* (Horn, 2009,S.83f. zitiert nach Kurz, 2004, S. 58f.)

Alle diese Perspektiven nach Kurz, doch vor allem die ersten zwei Punkte beider Perspektiven können im Bewegungs- und Sportunterricht den Schülern nur beim Üben einer Sportart und bei verschiedenen Wettbewerbsformen vermittelt werden.

Weiter gilt es festzuhalten, dass bei einer Benotung im Sportunterricht, aber auch in anderen Schulfächern, geprüft werden soll, was mit den Schülern gelernt und geübt wurde. Gleiches gilt für Wettbewerbe. Es geht in erster Linie darum nicht unnötige Misserfolgserlebnisse zu provozieren, sondern stattdessen sehr viele Kinder für einen Wettbewerb zu begeistern. Die Aufgaben und Anforderungen im Sportunterricht und im Wettbewerb sollten ähnlich oder gleich sein.

Selbes gilt auch für die Vereinsleichtathletik. Einen Athleten sollte man erst auf einem Wettkampf oder Wettbewerb anmelden, wenn die dort erforderlichen Disziplinen oder Aufgaben ausreichend geübt und vom Athleten beherrscht werden. Leider sind auf vielen Wettkämpfen Kinder angemeldet die am Wettkampftag erstmalig diese Disziplin ausführen. Der Wettkampf oder der Wettbewerb sind eine Plattform bei der die Teilnehmer das von Ihnen geübte mit anderen Athleten vergleichen können. Muss bei einem Leichtathletikwettkampf ein Kind unvorbereitet seine sportliche Leistung präsentieren führt dies meistens zu einem unvergesslichen Negativerlebnis bei dem Kind. Im Anschluss muss es dann mit einem schlechten und enttäuschenden Ergebnis wieder nachhause gehen.

1.6   Die Individualsportart Leichtathletik als Einzel-   oder Teamwettbewerb

Sport in der Schule, als Trainings-, Wettkampf- oder Wettbewerbsform ist nicht immer gleich. Ein großes Unterscheidungsmerkmal ist, ob es sich um einen Individual- oder Mannschaftssport handelt. Bereits die Begriffe Individual- und Mannschaftssportart weisen darauf hin, dass es sich bei ihnen um *„die Kennzeichnung voneinander abgrenzbarer Tätigkeitsmerkmale im Sport handelt"* (Kosel, 1975, S.117).

Mannschaftsspiele sind gut geeignet für eine spielerische Sporterziehung. Die Einzelleistung geht in Mannschaftsspielen, in einer Mannschaftsleistung auf. Der Einzelne befindet sich hier sozusagen im Schutz der Mannschaft. Negative Merkmale sind, dass man sich in diesem Schutz der Mannschaft auch mal hängen lassen kann. Erfolge wiederum kann sich jeder selbst zuschreiben und für Misserfolge weitgehend die anderen verantwortlich machen (vgl. Söll, 2008, S. 142). Aufgrund solcher Eigenschaften darf der Sportunterricht nicht nur aus Mannschaftsspielen bestehen, sondern muss auch auf die Individualsportarten setzen.

Bei der Leichtathletik versuchte man das zentrale Moment von Mannschaftsspielen in viele aktuelle Leichtathletikwettbewerbe zu transferieren, indem eine Mannschaftswertung oder der Teamwettkampf eingeführt wurde. Auch Vonstein und Massin setzten darauf, und begründen es damit, dass das Hauptziel von Schule und Verein sein muss, Kinder und Jugendliche zu einer aktiven Ausübung des Sports zu ermuntern um Gesundheit zu fördern und die Grundlage für weitere Sportarten zu schaffen. Die Erreichung dieser Ziele sehen Vonstein und Massin nur durch einen teamorientierten Wettbewerb realisierbar, wie den von ihnen in Deutschland gegründeten Fun in Athletics. Als weiteres Argument für ihre Teamorientierung nennen sie *„einen offenen Handlungsausgang. Die Wettbewerbe bleiben damit in der Regel bis zum Schluss spannend."* (vgl. Vonstein & Massin, 2001, S. 27). Jedoch kann man einen offenen Handlungsausgang und Spannung nicht nur über Teamorientierung erreichen. Wäre die Leichtathletik als Individualsportart nicht spannend, würde sie wohl kaum als TV-Sportart funktionieren. Die Offenheit und Spannung kann man auch über das Wertungssystem des Wettbewerbs und über die Wettbewerbe selbst erreichen. Wer meint, dass in der Schülerleichtathletik immer nur die sportlichen oder körperlich weit entwickelten Schüler gut abschneiden, der irrt. Diesem Vorurteil kann man durch die Auswahl geeigneter Aufgabenstellungen und Wettbewerbe entgegenwirken.

Weiterhin ist es eine Tatsache, dass solche Mannschaftswettbewerbe meist vom schwächsten Mannschaftsglied entschieden werden, was den Schülern nicht unbemerkt bleibt. Somit schafft man eine teilweise noch viel schlimmere Situation, als bei Individualwertungen. Denn hier trägt am Ende ein schwacher Schüler nicht nur die Last seiner schlechten Leistung, sondern wird damit konfrontiert, dass durch ihn die ganze Mannschaft verloren hat oder schlecht abschneidet. Letztlich muss man bei solch eingeführten Teamwettbewerben auch bedenken, dass

Mannschaftssport nicht gleich Mannschaftssport ist. Es gibt drei verschiedene Mannschaftstypen.

- Interaktiv z.B.: Fußball, Handball, Volleyball, Baketball

- Additiv z.B.: Tischtennis, Reiten, Fechten und
  Mannschaftswertungen der Leichtathletik

- Summativ z.B.: Rudern, Tauziehen, Verfolgungsradfahren

Wenn wir von Mannschaftssport reden, denkt jeder sofort an den interaktiven Mannschaftstyp wie zum Beispiel Fußball. Doch wenn man den additiven und summativen Mannschaftstyp genauer beleuchtet wird klar, dass viele Sportarten von uns als reine Individualsportarten betrachtet werden, obwohl sie es nicht sind. Denn Sportarten wie die Leichtathletik werden oft als Mannschaftssport durchgeführt und gewertet.

Bei Mannschaftstypen, bei denen das Ergebnis durch Addition der Einzelleistungen zustande kommt, darf man beim Sieg einer Mannschaft nicht selbstverständlich davon ausgehen, dass sich alle als Sieger fühlen. Bei persönlichen Niederlagen, aber gleichzeitigem Mannschaftserfolg kann es zu inneren, aber auch sozialen Konflikten kommen (vgl. Baumann, 2002, S.38). Deswegen gilt es an dieser Stelle nochmals zu betonen, dass das Problem einer Individualsportart, bei der jeder Einzelne mit seinen Leistungen für gewisse Zeit im Mittelpunkt steht, nicht durch eine Mannschaftswertung aufgehoben ist. An dieser Stelle muss man vielen widersprechen, die in einer Mannschaftswertung die vollendete Lösung für diesen Kritikpunkt an der Leichtathletik sehen. Man sollte sich stattdessen lieber auf das berufen, was eine Individualsportart wie die Leichtathletik für den Entwicklungsprozess eines Jugendlichen zu leisten vermag. In allen anderen Fächern der Schule werden die Schüler mit Klausuren und Prüfungen konfrontiert, die die Leistung jedes Einzelnen bewerten. Es ist notwendig und richtig, dass in der Schule immer mehr Gruppen- und Teamarbeit umgesetzt wird und auch in Prüfungen mit einfließt, doch weder in der Schule noch in der späteren Berufswelt ist die Einzelleistung ganz wegzudenken. Man denke zum Beispiel an ein Bewerbungsgespräch oder Pünktlichkeit und Zuverlässigkeit im Alltag und in der Arbeitswelt. Auch Stärke, Selbstbewusstsein und „Stehvermögen" bei Verhandlungen und Gesprächen werden im späteren Berufsleben erwartet und gefordert. Wir leben in einer Leistungsgesellschaft, in der man sich einerseits durch eigenständige Leistungen und andererseits durch Teamfähigkeit beweisen muss. Gerade der Sportunterricht, der es besser als viele andere Fächer versteht den Schülern ihr Leistungsvermögen aufzuzeigen, sollte nicht immer nur zu Mannschafts- und Teamsport tendieren. Mannschafts- und Teamwertung in der Leichtathletik sind wichtig und bringen einige positiven Eigenschaften mit, aber man darf nicht den Fehler begehen und in der Kinderleichtathletik die Individualwertung abschaffen wollen.

In der Leichtathletik ist jede Leistung eindeutig einem Urheber zuzuschreiben. Stärken und Schwächen werden somit für jeden sichtbar. An diesem in den letzten Jahrzehnten häufig genannten Kritikpunkt der Leichtathletik sehe ich aber auch positive Eigenschaften. Die Vielseitigkeitssportart Leichtathletik bietet sich besser als alle anderen Sportarten an, um der Leibes- und Bewegungserziehung in der Schule gerecht zu werden. In der Leichtathletik ist es möglich, als Individualsport und als Teamsport (additiv) Unterrichtsstunden, Trainingseinheiten und Wettbewerbe zu gestalten, denn zu einer umfassenden Leibes- und Bewegungserziehung in der Schule gehört ebenso Unterricht der individuell auf Schüler ausgerichtet ist (vgl. Horn, 2002, S.206). Um dem gerecht zu werden, darf im Sport nicht nur Wert auf Mannschaftsspiele gelegt werden, sondern müssen Individualsportarten ebenso ihren Platz finden.

Die Frage nach der Leichtathletik im Schulsport als Einzel- oder Mannschaftswettbewerb ist eindeutig zu beantworten. Einzel- und Teamleistungen müssen im Schulsport in einem ausgewogenen Verhältnis stehen (so auch Horn, 2002, S. 130). Dies fordert ein vielseitiges Wettbewerbsangebot, das durchaus vorhanden ist. Die Schulen müssen es jedoch auch wahrnehmen oder in Zusammenarbeit mit den Vereinen erstellen.

1.7 Kooperation Schule und Verein - Zusammenarbeit bei der Umsetzung von Leichtathletikwettbewerben

Den Sport, früher unter dem Namen Leibesübungen bekannt, gibt es seit über 160 Jahren an den Bildungseinrichtungen in Deutschland. Diesem steht die lange Tradition des Vereinssports in Deutschland gegenüber. Der Unterschied hierbei ist, dass Leibesübungen in der Schule, Teil eines staatlichen Erziehungs- und Bildungsauftrages sind und der Vereinssport immer mit der Pflicht für den eigenen Nachwuchs zu sorgen, dieses Gebiet betreibt. Doch da viele Lehrer auch in ihrer Freizeit in Vereinen tätig waren und sind, kann man hier schon immer von einer mal kleineren, mal größeren Zusammenarbeit zwischen Schulen und Vereinen ausgehen (vgl. Gruppe, 1997, S.38).

Seit den 80er Jahren des 20. Jahrhunderts spricht man von ersten institutionalisierten Kooperationsprogrammen. Vorreiter waren die Länder Nordrhein-Westfalen und Baden-Württemberg. Doch trotz einer Vielfalt an Programmen stellte sich eine Kooperation mit dem Bereich

Sport als sehr schwierig heraus. Bis Mitte der 90er Jahre hatte dann jedes Bundesland ein oder mehrere eigene Kooperationsprogramme, die fast alle auf der Freiwilligkeit der Schulen basierten und deshalb in vielen Regionen nur vereinzelt angenommen wurden. Denn grundsätzlich gilt, dass Schulen alles abstoßen können, was sie unter zusätzlichen und zu großen „Stress" setzt. Hiermit sind viele gute Projekte und Veranstaltungen gemeint, bei denen die Vereine immer wieder Probleme haben ein offenes Ohr in den Schulen zu finden (vgl. Fessler, 1997, S.9ff.). *„Schule (...) mehr als eine bloße Einrichtung zur Vermittlung von Wissen und Bildung – sie ist Lebensraum."* (Schawan & Köberle, 1997, S.5). Gerade der Sport bietet optimale Möglichkeiten zur Gestaltung des Schulalltags. Lehrer, Eltern und außerschulische Personen können und sollen dabei zusammenwirken. Vor allem das Mitwirken der Schüler an Planung und Gestaltung ist ein wichtiges Merkmal bei der Realisation eines vielseitigen Schulalltags.

In den kommenden Jahren wird die Notwendigkeit zur Kooperation immer wahrscheinlicher. Durch den demografischen Wandel, kommen im Schnitt immer weniger Kinder auf immer mehr Vereine und Sportangebote. Dies wird zwangsläufig zu einer Änderung im Vereinssport führen. Viele Abteilungen werden zusammenbrechen, da der Nachwuchs ausbleibt. Vereine brauchen die Kinder und werden deshalb gezwungenermaßen immer häufiger an die Schulen gehen, da an diesem Ort noch alle Kinder und Jugendliche anzutreffen sind (vgl. Fessler, 1997, S.9; Nothdurft, 2009, Vortrag).

Nur über die Schule besteht für Vereine die Möglichkeit alle Kinder zu erreichen und mit verschiedenen Angeboten die Schüler auf das Sportangebot des Vereins aufmerksam zu machen. Durch Zusammenarbeit mit der Schule haben die Leichtathletikvereine die Möglichkeit allen Schülern einen Zugang zu den wichtigen

Bewegungsformen Laufen, Springen und Werfen in Form eines Wettbewerbes zu öffnen.

Außer dem demografischen Wandel, werden sich in der Bildungslandschaft durch die Einführung der Ganztagesschule weitere Änderungen ergeben. Doch sollten die Leichtathletikvereine, sowie deren Verantwortliche und Trainer nicht durch ihre längere tägliche Schulzeit die Ganztagesschule verurteilen und nur die negativen Auswirkungen sehen. Vereine die nicht bereit sind eingefahrene Strukturen aufzubrechen, werden tatsächlich einen drastischen Rückgang ihrer jungen Vereinsmitglieder, sowie als Folge dessen den Rückgang ihrer ehrenamtlichen Helfer und Trainer erleben.

Für die Vereine ist es entscheidend, dass sie die Ganztagesschule als neue Chance sehen und sich teilweise veränderten Aufgaben stellen. Denn das System Ganztagesschule bringt schon von der Struktur zwei zentrale Vorteile mit sich. Durch die längeren Schulzeiten besteht die einmalige Möglichkeit eine Erhöhung der täglichen Bewegungszeit für alle Kinder durchzusetzen. Die größte Chance für kooperationsbereite Vereine ist der automatische Kontakt zu den sportfernen Kindern, um diese von ihren Angeboten zu überzeugen.

Doch um diese Chancen zu nutzen, muss das Vereinswesen aktiv werden. Die Vereine sollten auf die Schulen zugehen. In Kooperation sollten den Schülern ganzjährig alternative Sportangebote, sowie Wettbewerbs- und Wettkampfangebote zugängig gemacht werden.

Damit dies funktioniert darf jedoch von Seite der Schulen die ehrenamtliche Vereinstätigkeit nicht ausgenützt werden. Für eine sinnvolle Kooperation müssen von den Ländern entsprechend Gelder bereitgestellt werden.

Um das Potential einer Kooperation von Schule und Verein zu nutzen müssen verschiedene Aus- und Fortbildungsangebote für Lehrer, Trainer, Schulmentoren und Studenten angeboten werden.

In Bezug auf einen schülergerechten Leichtathletikwettbewerb, hat man hier die Möglichkeit ein ideales Angebot in die Schulnachmittage von Ganztagsschulen zu integrieren. Es gilt Schüler über ein „Schnupperwettbewerb" von der Leichtathletik zu begeistern und ihnen parallel dazu die Möglichkeit zum „Schnuppertraining" anzubieten.

Wichtig bei Wettbewerbs- oder Trainingsmodulen im Rahmen der Ganztagsschule, ist immer das Augenmerk auf differenzierte Angebote. Es sollten dem Leistungssport orientierte sowie für den Breitensport ausgerichtete Angebote für die Schüler zur Wahl stehen.

Die Organisation und Durchführung eines schülergerechten Leichtathletikwettbewerbs ist hervorragend mit projektorientierten Arbeiten an den Schulen zu verbinden (siehe auch Kap. 2.10).

Abschließend soll diese Definition von Kooperation alle Verantwortliche in Schule und Verein zur Zusammenarbeit stärken:

Kooperation ist das Zusammenarbeiten
von zwei oder mehreren Systemen, so dass das
angestrebte Ziel den Nutzen aller Teilnehmer verbessert

Weiterführende Literatur:

Positionspapier des DLV zur Ganztagsförderung;   Gratis unter:
http://www.leichtathletik.de/image.php?AID=20444&VID=0

Handreichung „Ganztagsförderung – der organisierte Sport im außerunterrichtlichen Sportangebot der Schule";   Gratis unter:
http://www.leichtathletik.de/image.php?AID=24255&VID=0

1.8 Leichtathletik und Gesundheitsförderung

Wie passt ein auf Wettkämpfe und Wettbewerbe ausgelegter Sport in den für Schule und Verein wichtigen Bereich der Gesundheitsförderung?

> *„Die Leichtathletik bietet positive Möglichkeiten für die Gesunderhaltung und das Wohlbefinden, für die körperliche Fitness und für den Ausgleich von vielfältigen Belastungen."* (Digel, 1997, S. 241)

Gerade im Kindes- und Jugendalter finden wichtige Entwicklungsprozesse statt, die durch einen abwechslungsreichen Sportunterricht gezielt gefördert werden können. Leider rückt die aktive Bewegung in unserer heutigen Wohlstandsgesellschaft immer mehr in den Hintergrund. Zu den Folgen gehören unter anderem:

- Verarmung der Motorik
- Adipositas
- Beeinträchtigung der ganzheitlichen Entwicklung
- Reizüberflutung (Fernseher, Computer, Videospiele etc.)

Gegen diese Bewegungsarmut die unter unseren Kindern herrscht, kämpft schon seit langem der Lehrbeauftragte und Sportpädagoge des WLSB (Württembergischer Landessportbund) Eckhard Nothdurft an. Er spricht davon, dass *„unsere größte Belastung der Nicht-Gebrauch von Muskelmasse und Körperkraft ist."* Basierend sind seine Botschaften auf der Evolutionstheorie. Eine Stunde Sport am Tag sei *„biologisches Pflichtprogramm"* des Menschen. 15 Kilometer sind unsere Vorfahren täglich für die Nahrungsbeschaffung gelaufen. *„Diese Genetische Programmierung im Menschen ändert sich nicht so schnell und dieser muss man mit ausreichend Bewegung entgegenkommen."* (Notdurft, 2009, Vortrag).

71

Kinder, die sich nicht mehrmals die Woche Bewegen, legen im jungen Alter schon oft den Grundstein für spätere gesundheitliche Beschwerden. *„Studien von Viikari et al. (1984), Ylitalo (1984) und Wanne, Viikari und Välimäki (1984) zeigten, dass koronare Herzerkrankungen bereits im Kindesalter angelegt werden" (Bös, Banzer, 2007,S.239).*

Bewegung zu fördern und Schüler von verschiedenen sportlichen Tätigkeiten zu begeistern dürfte gerade im Kindesalter leichter fallen, als bei Jugendlichen und Erwachsenen. Denn Kinder haben einen großen natürlichen Bewegungsdrang. Positive Eigenschaften einer umfangreichen und abwechselnden Bewegung im Kindesalter sind:

- *Haltungsschwächen vorbeugen oder auszugleichen*
- *Übergewicht vorbeugen oder abzubauen*
- *Koordination schulen*
- *Konzentration fördern*
- *Wahrnehmung entwickeln*
- *Teamarbeit anbahnen* (Eberle, 2008, Lehrgang)

Das optimale tägliche Bewegungsprogramm für Kinder und Jugendliche besteht aus einer Mischung aus Einzel- und Teamsport, Spiel- und Leistungssport. Zentral hierbei sind Wettbewerbe, die Anreize zur Leistungsverbesserung geben und zum täglichen Üben motivieren. Somit kommt den Wettbewerben im Gesundheitssport für Kinder und Jugendliche, anders als man auf den ersten Blick meinen könnte, eine zentrale Rolle zu (siehe auch Notdurft, 2009, Vortrag).

Die Leichtathletik kann durch ihre vielseitigen und grundlegenden Bewegungsformen Kinder und Jugendliche Freude am Sport vermitteln. Wenn ihr das gelingt, ist das die notwendige Voraussetzung für das Hauptziel: Die Kinder und Jugendlichen vom Sport überzeugen und sie zu einem lebenslangen Sport treiben zu bewegen.

Wie schon erwähnt, macht gerade der Wettkampf und im Schüleralter der Wettbewerb die Sportart Leichtathletik aus. Deswegen sind diese Veranstaltungen das zentrale Moment, um die Freude und Motivation bei den Schülern zu wecken und sie in den Bann des Sports zu ziehen. Damit dies gelingt ist eine breite Angebotspalette für die Schüler notwendig. Schülergerechte Leichtathletikwettbewerbe in Schule und Verein als Individualwertung und als Teamwertung für alle. Um wiederum solche Wettbewerbe bestreiten zu können, muss eine schülergerechte Leichtathletik auf spielerische Form, in Unterricht und Vereinssport Einzug halten. Es sollte für interessierte Schüler aber auch weiterhin die Möglichkeit bestehen klassische Leichtathletikwettkämpfe auf Wunsch bestreiten zu dürfen.

An dieser Stelle sei nun genannt, was die Sportart Leichtathletik in ihrer vielseitigen Bewegung als Gesundheitssport leisten kann. Leichtathletik zeichnet sich durch aktive Bewegungen aus. Das Laufen im aeroben Bereich ist sehr bewegungsintensiv und leistet einen Beitrag gegen die Entstehung von Herz-Kreislauf-Erkrankungen, senkt Blutdruck und Pulsfrequenz. Es dient dem Abbau oder der Stabilisation des Körpergewichtes und wirkt sich positiv auf den Cholesterinspiegel aus. Aber auch die kürzeren Bewegungszeiten bei Sprung- und Wurfdisziplinen können positives leisten. Man denke an den Aufbau von Kraftfähigkeiten, den Stressabbau und den Erhalt der Beweglichkeit.
Auch die Leichtathletik schöpft die allgemeinen Möglichkeiten des Gesundheitssports aus. Leichtathletik stellt einen Ausgleich zu schulischen Alltagsbelastungen her, beugt Haltungsschäden vor, verstärkt das Gesundheitsbewusstsein und trägt zu einem besseren Wohlbefinden bei.
Zum Auftrag des Schulsports gehört es auch, einen schulübergreifenden Beitrag zur Freizeit- und Gesundheitserziehung zu leisten. Schüler sollen

verschiedene Sportarten kennen lernen und erproben (vgl. Müller, 2000, S.25f.). Die beste Möglichkeit dem Schüler die Leichtathletik in allen ihren Facetten bekannt zu machen, ist ein leichtathletischer Mehrkampf als Wettbewerbsform, in Zusammenarbeit mit einem Verein.

In diesem Kapitel der Gesundheitsförderung möchte ich am Ende noch betonen, dass der Wettkampfsport Leichtathletik nicht mit eingeschlossen werden kann. Hier ist wieder der in Kapitel 1.4 beschriebene Unterschied zu beachten.

Nur eine Kinderleichtathletik die ihren Höhepunkt in Herausforderungen wie Wettbewerben sieht, ist aus gesundheitssportlichem Aspekt besonders wertvoll. Ein moderates und nicht ausschließlich leistungsbezogenes Training bilden hierfür die Grundlage.

Die ausschließlich leistungsorientierte Wettkampfleichtathletik enthält gleichermaßen die vielen positiven Aspekte im Bereich der Gesundheitsförderung, doch stehen diesen Aspekten auch schädliche Nebenwirkungen wie Muskelkader, Muskelfaserrisse, Gelenkverschleiß und Wirbelsäaulenbelastung um nur ein paar wenige Beispiele zu nennen entgegen.

Die Gesundheitsförderung setzt eine maßvolle aber auch regelmäßige sportliche Aktivität in der Sportart Leichtathletik voraus.

74

2. Teil 2

2.1 Kids-Cup - ein schülergerechter Leichtathletik Wettbewerb

Nun wird beispielhaft am Kids Cup aufzeigt, wie eine altersgerechte Leichtathletik als Wettbewerbsform aussehen kann.

Ausgangspunkt war im Jahr 2006 die erschreckende Feststellung über die geringen Bewegungszeiten eines Kindes bei einem leichtathletischen Wettkampf. Um einen aussagekräftigen Durchschnittswert über die Bewegungszeit zu erhalten wurden bei einigen Drei- und Vierkampf – Wettkämpfen, sowie den klassischen Bundesjugendspielen in

Abb. 1: Logo Kids-Cup

der Schule die Bewegungszeit einzelner Teilnehmer gestoppt. Die Vermutung einer geringen Bewegungszeit wurde durch die schockierende Feststellung bestätigt, dass sich ein Schüler weniger als 15 Minuten bei einem leichtathletischen Dreikampf bewegt. Nimmt man die reine Wettkampfzeit (ohne die individuelle Erwärmungszeit) kommt ein Wert von weniger als 1,5 Minuten heraus. Nicht erwähnenswert höher liegt diese Bewegungszeit bei einem leichtathletischen Vierkampf. Die Werte bei den Bundesjugendspielen oder dem Sportabzeichen

75

stimmten in den technischen Leichtathletikdisziplinen überein. Durch einen Mittelstreckenlauf der Teilnehmer, wurde die Gesamtbewegungszeit lediglich um die dort erzielte Leistung verlängert. Bedenkt man dabei, dass ein solcher Wettkampf sich über drei bis vier Stunden zieht, erscheint diese Zahl noch viel dramatischer, wenn man die ungenutzte, man kann sagen verschenkte Zeit des Kindes, zwischen dem Wettkampf bedenkt.

Dieses erschreckende Ergebnis ist in die anderen Wettkampfformen transferierbar. Egal ob JTFO, das Sportabzeichen, die Mehrkampfnadel oder die Wettkampfform der BJS. Gleiches gilt für viele Vereins- und Schulsportstunden in der Leichtathletik.

Ziel eines guten Wettbewerbs muss es sein, diese katastrophal niedrigen Bewegungszeiten der Teilnehmer durch Aufgabenvielfalt und hohe Wiederholungszahlen zu steigern und gleichzeitig die Gesamtzeit des Wettbewerbs kompakt zu halten.

Um die Zeiten zu vergleichen wurden in den bis zum jetzigen Zeitpunkt durchgeführten Kids-Cup Veranstaltungen ausführliche Daten über die Bewegungszeit der Teilnehmer und die Gesamtzeit des Wettbewerbs erhoben.

Als im Frühjahr 2007 jugendliche Wettkampfathleten des örtlichen Leichtathletikvereins (LSG Aalen) mir ihre Unterstützung als Helfer zusicherten, war der Weg frei für den ersten Kids-Cup.

Im Jahr 2007 konnte ich dieses Projekt mit Hilfe engagierter Athleten, Trainer und weiterer Helfern der LSG Aalen auf die Beine stellen. Nach einem reibungslosen Ablauf der Veranstaltung und dem Erreichen der gesteckten Ziele, waren alle zufrieden und sahen in diesem Wettbewerb ein zukunftsträchtiges Konzept auf regionaler Ebene.

Im Jahr 2008 und 2009 wurden einzelne Ziele des Kids-Cup optimiert und ergänzt.

Jetzt, zu Beginn des Jahres 2010 kann man rückblickend von einem gelungenen und mittlerweile bewährten Leichtathletikwettbewerb für Schüler sprechen.

Bestätigt wurde die Arbeit und dieses Wettbewerbskonzept durch den ersten Platz beim Sportjugendförderpreis der KSK Ostalb im Jahr 2009 und einen Anerkennungspreis beim Sportjugend-Förderpreis Baden-Württemberg im Jahr 2009.

2.2 Merkmale eines zeitgemäßen Schülerleichtathletikwettbewerbs

Der erste Schritt bei dem Entwurf eines Wettbewerbs ist es, klare Ziele die erreicht werden sollen zu formulieren, um anhand dieser Zielvorgaben den Wettbewerb zu erstellen. Für eine Reflektion im Anschluss eines solchen Events ist ein so genannter Zielkatalog ebenfalls unerlässlich.

Ein schülergerechter Leichtathletikwettbewerb soll...

... Freude am Sport vermitteln.

... eine hohe Bewegungszeit aufweisen.

... ein ganzheitlicher Wettbewerb (Erwärmung, Hauptteil, Cool Down) sein.

... möglichst viele Schüler ansprechen.

... die Vielseitigkeit der Leichtathletik (Laufen, Springen, Werfen) vermitteln.

... das Gemeinschaftserlebnis in der Einzelsportart Leichtathletik steigern, aber trotzdem am Grundgedanken eines Individualsports festhalten.

... einfach aufgebaut und leicht verständlich sein.

... die Leistung jedes Teilnehmers würdigen (Urkunde, Medaille, etc.).

... keine Einzel-Platzierungen mit *einem Sieger und vielen Verlierern* als Ergebnis hervorbringen.

... Jugendliche einbeziehen, die jüngere Schüler im Wettbewerb unterstützen

... Material mit Aufforderungscharakter verwenden.

...die Aufwendungen gering halten.

...eine Zusammenarbeit zwischen Schule und Verein bewirken.

...Kompetenzen und Inhalte des aktuellen Bildungsplans berücksichtigen.

...eine Sichtungsmöglichkeit für Trainer örtlicher Leichtathletikvereine bieten.

2.3 Bewegungszeit

Zentrales Moment bei der Planung des Kids-Cup war die Steigerung der Bewegungszeit. Deshalb wird diesem Ziel an dieser Stelle ein Extrakapitel gewidmet. Bei dem klassischen Drei- oder Vierkampf, den jeder aus der Leichtathletik in seiner Schulzeit kennt, nimmt das „Schlangenformationswarten" die meiste Zeit des Teilnehmers in Anspruch. Mit diesem Kritikpunkt müssen sich alle Wettkampf- und Wettbewerbsarten der Leichtathletik auseinandersetzten. Denn alle neuen Wettbewerbsformen die sich als schülergerechte Leichtathletik bezeichnen, müssen sich an dem Kriterium einer hohen Bewegungszeit messen. Dies gilt nicht nur für die Form eines Wettbewerbes in der Sportart Leichtathletik, sondern auch für die Vereins- und Schulsportstunden.

Laut Horn, hat auch der Schulsport, unter Berücksichtigung der speziellen Situation des Unterrichts für Bewegung und Sport an den zehn Merkmalen guten Unterrichts von H. Meyer, einen Maßstab (vgl. Horn, 2009, S.154). Die Erhöhung der Bewegungszeit gehört zum zweiten Merkmal Meyers: *Hoher Anteil echter Lernzeit* (vgl. Meyer, 2005, S.17f.). Weiter belegt Horn eindeutig, dass guter Bewegungs- und Sportunterricht davon abhängt, wie groß die effektive Unterrichtszeit ist und fordert die echte, aktive Lern- und Bewegungszeit zu erhöhen (Horn, 2009, S.160ff.). Vor dieser Forderung sollte jeder Sportlehrer und Trainer im Kindersportbereich alle von ihm durchgeführten Sportarten und Bewegungsformen, ebenso wie die angebotenen und durchgeführten Wettbewerbe reflektieren und gegebenenfalls aktualisieren.

Generell gehören die Bewegungszeiten in der Individualsportart Leichtathletik in einem Wettkampf oder Wettbewerb zu den geringsten im

Vergleich zu anderen Sportarten. Bei Individualsportarten wie der Leichtathletik oder auch das Turnen zeichnet sich der Wettkampf oder Wettbewerb nicht durch lange Bewegungszeiten der Sportler aus, sondern dadurch, dass der Teilnehmer auf den Punkt genau seine Leistung abrufen kann. Gerade deswegen ist es von enormer Bedeutung die Bewegungszeit zu erhöhen. Kinder wollen und sollen ständig in Bewegung sein. Gerade im Schüleralter ist es wichtig, die Kinder durch ständige Bewegungsaufgaben zu motivieren und ihnen nicht durch lange Wartezeiten die Lust am Sport zu nehmen. Die hier speziell für den Schulsport dargelegten Gründe gelten für die Leichtathletik im Vereinssport gleichermaßen.

Um einen aussagekräftigen Durchschnittswert über die Bewegungszeit zu erhalten wurden im Jahr 2006 bei einigen Drei- und Vierkampf – Wettkämpfen, sowie den klassischen Bundesjugendspielen in der Schule die Bewegungszeit einzelner Teilnehmer gestoppt. Die Vermutung einer geringen Bewegungszeit wurde durch die schockierende Feststellung bestätigt, dass sich ein Schüler weniger als 15 Minuten bei einem leichtathletischen Dreikampf bewegt. Nimmt man die reine Wettkampfzeit (ohne die Erwärmungszeit) kommt ein Wert von weniger als 1,5 Minuten heraus. Nicht erwähnenswert höher liegt diese Bewegungszeit bei einem leichtathletischen Vierkampf. Die Werte bei den Bundesjugendspielen oder dem Sportabzeichen stimmten in den technischen Leichtathletikdisziplinen überein. Durch einen Mittelstreckenlauf der Teilnehmer, wurde die Gesamtbewegungszeit lediglich um die dort erzielte Leistung verlängert. Bedenkt man dabei, dass ein solcher Wettkampf sich über drei bis vier Stunden zieht, erscheint diese Zahl noch viel dramatischer, wenn man die ungenutzte man kann sagen verschenkte Zeit des Kindes zwischen dem Wettkampf bedenkt.

Insgesamt kann man sagen, dass dieses erschreckende Ergebnis in die anderen Wettkampfformen transferierbar. Egal ob JTFO, das Sportabzeichen, die Mehrkampfnadel oder die Wettkampfform der BJS. Gleiches gilt für viele Schulsportstunden in der Sportart Leichtathletik.

Ziel eines guten Wettbewerbs muss es sein, diese katastrophal niedrigen Bewegungszeiten der Teilnehmer durch Aufgabenvielfalt und Wiederholungszahl zu steigern und gleichzeitig die Gesamtzeit des Wettbewerbs kompakt zu halten.

Um die Zeiten zu vergleichen wurden in den drei Kids-Cup Veranstaltungen ausführliche Daten über die Bewegungszeit der Teilnehmer und die Gesamtzeit des Wettbewerbs erhoben.

Durch stimmig ausgewählte Wettbewerbsstationen eine optimale Auslastung der Stationen und eine Steigerung der Anzahl von Probe- und Wertungsdurchgängen konnte die Wettbewerbsbewegungszeit um das mehrfache gesteigert.

Addiert man die Bewegungszeiten der einzelnen Stationen kommt eine Gesamtbewegungszeit von über sieben Minuten heraus. Hinzu kommen noch 20 Minuten der gemeinsamen Erwärmung und 10 Minuten für das Cool Down in Kleingruppen. Außerdem kommt noch hinzu, dass die Gesamtwettbewerbszeit im Vergleich zu den Erfahrungswerten der klassischen Leichtathletikmehrkämpfe um fast die Hälfte gesenkt werden konnte. Dies gelang nur durch eine optimale Auslastung der Stationen und keine Wartezeiten für die Teilnehmer zwischen den einzelnen Stationen. Innerhalb der einzelnen Stationen wurde versucht durch kleine Gruppen die „Wartezeit" gering zu halten.

Ein guter Wettbewerb soll nicht nur die Bewegungszeit steigen, sondern auch die Intensität, die die Leichtathletik mit sich bringt nicht aus dem Auge verlieren. Diese Intensität darf im Vergleich zum Leichtathletikwettkampf nicht sinken. Deshalb sollte man bei der Auswahl

81

der Stationen ein ausgewogenes Verhältnis zwischen den leichtathletischen Anforderungen Sprint, Lauf, Wurf und Sprung achten.

2.4 Der Wettbewerb

Der Wettbewerb beginnt mit einer gemeinsamen Erwärmung, bei der alle teilnehmenden Kinder gemeinsam mitmachen und geht im Anschluss in eine leichtathletische Wettbewerbsform mit verschiedenen Disziplinen über.

Abb. 2, 3 und 4: Gemeinsame Erwärmung beim Kids Cup

Durch eine gemeinsame Erwärmung der Teilnehmer aller Altersklassen, wird beim Kids-Cup einem individuellen, womöglich einer durch Eltern oder Trainern diktierten Aufwärmphase entgegengewirkt. Stattdessen steht zu Beginn eine geschlechter- und altersübergreifende Erwärmung für jeden auf dem Programm. Unter Anleitung und mit Musik unterlegt, bewegen sich die Kinder auf dem Stadionrasen, um den Körper auf die anstehende Belastung vorzubereiten. Der gemeinsame Einstieg dauert beim Kids-Cup ungefähr 20 Minuten. Inhalt ist eine spielerische Erwärmung und Einstimmung. Ziel ist es, alle Teilnehmer physisch, psychisch und sozial auf die bevorstehende Belastung vorzubereiten. Beim Kids-Cup wird die allgemeine und sportartspezifische Erwärmung durch vielseitige und spielerische Laufvariationen, sowie Übungen aus dem Lauf-ABC umgesetzt.

Im Anschluss begeben sich die Teilnehmer in die zuvor festgelegten Gruppen. Die Schüler werden dafür Beispielsweise mit Nummern, Sportbildern, o.ä. sowie ihrem Namen gekennzeichnet. Um eine optimale Bewegungszeit im Verhältnis zur Wettkampfzeit zu erlangen, sollte immer jede Station belegt sein. Nach ungefähr 15 Minuten (abhängig von der Gruppengröße) ist eine Station absolviert und es erfolgt der Wechsel zur nächsten. Jede Gruppe hat einen so genannten Gruppenleiter. Dieser absolviert die einzelnen Stationen nach einer zuvor festgelegten Reihenfolge. Er ist während des Wettbewerbs der Ansprechpartner für seine Gruppe und füllt schriftlich die Wertungskarten jedes Teilnehmers aus.

Am Ende eines guten Wettbewerbs sollte immer ein Cool-Down stehen. Dies empfiehlt sich gleich im Anschluss in der Kleingruppe durch den Gruppenleiter zu organisieren. Der spielerische Cool-Down beim Kids-Cup ist von lockeren Lauf- und Entspannungsübungen geprägt, damit das Herz-Kreislaufsystem der Teilnehmer herunterfährt, die beanspruchte Muskulatur gelockert wird und der Wettbewerb gemeinsam in der Kleingruppe endet.

Die Siegerehrung ist der krönende Abschluss. Sie darf bei keiner Leichtathletikveranstaltung fehlen. Gerade Kinder erwarten eine Würdigung ihrer Leistung. Bei der Siegerehrung ist es wichtig, dass sie ohne lange Wartezeit im Anschluss an den Wettbewerb stattfindet. Die Kinder haben nach ihrem Wettbewerb oft kein Verständnis für lange Wartezeiten. Beim Kids-Cup ist es durch ein einfach gehaltenes Wertungssystem gelungen, keine 30 Minuten nach Wettbewerbsbeendigung der letzten Gruppe, die Siegerehrung durchzuführen. Dies gelingt, da im Anschluss nur noch die Wertungszettel bearbeitet werden müssen. Die Urkunden können schon während des Wettbewerbs mit den Namen der Teilnehmer bedruckt werden, sobald die Anmeldung vor dem Wettbewerb beendet wurde. Im Anschluss an den Cool-Down kann diese halbe Stunde Wartezeit durch ein freiwilliges Bewegungs-Mitmachprogramm überbrückt werden.

Bei der Siegerehrung ist die Reihenfolge der geehrten Teilnehmer bewusst nicht nach der erreichten Punktzahl geordnet. So erkennen auch die Schüler, dass es an diesem Tag nicht wichtig ist einen Sieger zu küren, sondern jeden Teilnehmer für seine erbrachte Leistung zu ehren.

Entgegen manchen Befürchtungen kam in keinem der bisher durchgeführten Wettbewerbe die Frage nach dem Gesamtsieger auf. Alle Teilnehmer freuten sich über ihre Urkunde, den Wertungszettel mit ihren erbrachten Leistungen, eine Medaille und einen kleinen Sachpreis.

Ergänzt wurden diese Preise mit Einladungen des organisierenden Leichtathletikvereines zum Schnuppertraining. Weiter nutze der Verein während des Wettbewerbes die Zeit um die Eltern und Besucher über sein Sportangebot zu informieren und für seine Sportangebote zu werben. Mit Einnahmen aus der Verköstigung der Teilnehmer und

Besucher konnte der Verein die gering gehaltenen Ausgaben schnell wieder amortisieren.

Anders als bei Wettkämpfen üblich, bei denen die nicht siegreichen Teilnehmer im Anschluss an den Wettkampf gleich nach Hause gehen, waren immer alle Teilnehmer bis zur Siegerehrung im Stadion und nahmen mit Freude ihre Auszeichnung entgegen.

2.5 Die Wettbewerbsstationen

Bei der Planung gilt es die erwartete Teilnehmerzahl zu kalkulieren um daraus eine sinnvolle Anzahl an Stationen zu entwickeln. Ein guter und vielseitiger Leichtathletikwettbewerb sollte jedoch mindestens aus vier verschiedenen Stationen die alle Bereiche der Leichtathletik abdecken bestehen. Ergänzt wird dies durch weitere kombinierte Wettbewerbsstationen. Ein Beispiel hierfür wäre ein Sommer-Biathlon bei dem eine Kombination aus Lauf- und Wurffertigkeiten erwartet wird.
In den Jahren 2007 – 2009 kennzeichneten den Kids-Cup sechs unterschiedliche Stationen. Für die Zukunft ist die Erweiterung auf einen schülergerechten Zehnkampf angedacht.

▪ Stationen:	6 - 10
▪ Teilnehmerzahl:	Pro Station max. 15 Teilnehmer.
▪ Gesamt:	90 (6 Stationen) bis 150 (10 Stationen) Teilnehmer.
▪ Helferzahl:	
▪ Gruppenleiter:	pro Gruppe ein Gruppenleiter
▪ Station:	2-4 Helfer / Station
▪ Organisation:	Helfer für die Anmeldung, Auswertung und Siegerehrung

Um eine hohe Bewegungszeit zu garantieren sollte man den Richtwert von höchstens 15 Teilnehmern pro Station auf keinen Fall überschreiten. Die optimale Gruppengröße bewegt sich bei unter 10 Teilnehmern pro Gruppe. Die Anzahl der Gruppen wird durch die Stationsanzahl (6-10) vorgegeben. Sollte man mehr als 150 Teilnehmer haben, ist dies durch die doppelte Einrichtung von einzelnen Stationen zu lösen. Zu Bedenken ist hierbei, dass mit der Anzahl der Stationen die Anzahl der Helfer steigt.

Bei der Planung gilt es die erwartete Teilnehmerzahl zu kalkulieren um daraus eine sinnvolle Anzahl an Stationen zu entwickeln. Ein guter und vielseitiger Leichtathletikwettbewerb muss aus mindestens vier verschiedenen Stationen, die alle Bereiche der Leichtathletik abdecken, bestehen. Ergänzt wird dies durch kombinierte Wettbewerbsstationen. Ein Beispiel hierfür wäre *Sommer-Biathlon* bei dem eine Kombination aus Lauf- und Wurffertigkeiten erwartet wird. Auch der Zeitgefühlslauf eignet sich, um einen auf vielseitige Fähigkeiten angelegten Wettbewerb anzubieten.

In den Jahren 2007 – 2009 kennzeichneten den Kids-Cup sechs unterschiedliche Stationen. Für die Zukunft ist die Erweiterung auf einen schülergerechten Zehnkampf geplant.

Die Auswahl der Stationen sollte immer im Hinblick auf die Erreichung der selbst gesetzten Ziele geschehen. Bei den verschiedenen Disziplinen handelt es sich nicht um Neuerfindungen, sondern um eine den Zielsetzungen angepasste und reflektierte Auswahl von aktuellen Kinderleichtathletikwettbewerbsformen und –übungen.

Folgend nun exemplarisch ein paar Wettbewerbsstationen, die sich beim Kids-Cup bewährt haben.

Stationen für einen schülergerechten Leichtathletikwettbewerb z.B:	
Sprint:	Wendesprint, Dreiecksprint,...
Sprung:	Zonenweit- und Hochsprung,
	Additionsweit- und Hochsprung, Stabweitsprung,...
Werfen / Stoßen:	Votexx-Weitwurf, Zonenweitwurf,
	Würfe mit Höhenorientierer, Medizinballstoß,...
Ausdauer:	Transportlauf, Zeitschätzlauf, Stadion-Cross,...
Kombinierte Stationen:	Sommer - Biathlon, Hindernissprint,...

Der Wendesprint

Ablauf:

Die Schüler versuchen nach dem Startsignal eine vorgegebene Strecke so schnell wie möglich zu bewältigen. Als Startposition wird der anfängerfreundliche Hochstart gewählt. Nach dem Start muss der Markierungskegel erreicht, umsprintet und wieder zur Startlinie zurückgekehrt werden.

Je nach Schulstufe variiert die Gesamtstreckenlänge zwischen 30m und 50m.

Hinweis:

Bei dieser Station sollen sich die Schüler in ihrer Konzentrations- Reaktions-, und Schnelligkeitsfähigkeit messen. Die Schnelligkeitsausdauerleistung darf hier keine Rolle spielen, deshalb ist eine Streckenlänge von über 50m nicht sinnvoll.

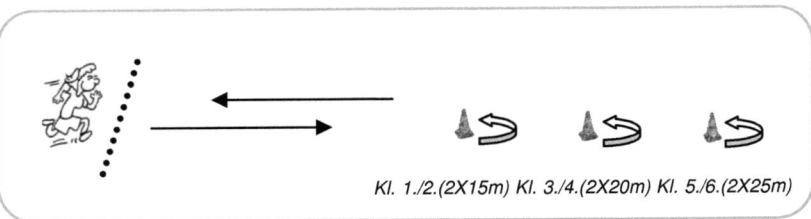

Kl. 1./2.(2X15m) Kl. 3./4.(2X20m) Kl. 5./6.(2X25m)

Abb. 5: Wendesprint

Wiederholungen:	3
Pause:	lohnend (1min. pro 10m Sprintlänge)
Material:	Pylonen od. sonstige Markierungen

Der Zeitgefühlslauf

Ablauf:

Die Schüler laufen in individuellem, immer gleich bleibendem Tempo eine vorgegebene Laufstrecke. Diese soll in einer bestimmten Zeitvorgabe erreicht werden. Die Laufzeit, sowie die Laufstrecke unterscheiden sich je nach Schulstufe. Je exakter das Tempo für die Laufstrecke gewählt wurde umso mehr Punkte erhält der Teilnehmer.

Hinweis:

Die Schüler müssen in ihrem selbst gewählten Tempo gleichmäßig bis zum Ende der Zeit weiterlaufen.

Wiederholungen: 3

Material: Pylonen,

Stoppuhr, *Abb. 6: Zeitgefühlslauf*

Punkteschilder für die Zonen, Stoppuhr

Klasse	Strecke – Zeit	1 Punkt	2 Punkte	3 Punkte
1./2.	80m in 30 sec.	gesamte Strecke	30m (+15m/-15m)	20m (+10m/-10m)
3./4.	160m in 1 min.	gesamte Strecke	40m (+20m/-20m)	30m (+15m/-15m)
5./6.	360m in 2 min.	gesamte Strecke	60m (+30m/-30m)	40m (+20m/-20m)

Tab. 6: Zeitgefühlslauf

89

Zielwurf

Ablauf:

Die Schüler werfen auf eine Zielscheibe, die mit Markierungsringen gekennzeichnet ist. Aus einem vorgegebenen Abstand sollen die Schüler die Zielscheibe so zentral wie möglich treffen. Der Abstand zur Zielscheibe variiert je nach Schulstufe.

Wiederholungen: 4 - 6

Material: große Zielscheibe aus Holz oder Styropor, Tennisbälle o.ä.

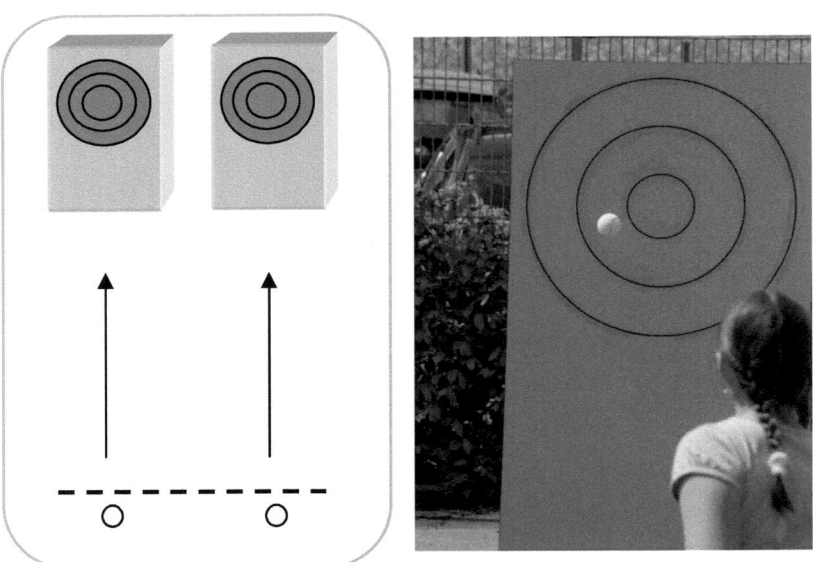

Abb.7 und 8: Zielwurf

Zonenweitwurf

Ablauf:

Die Schüler werfen (z.B.: Vortex Heuler, Schlagball,...) mit oder ohne Anlauf über einen Höhenorientierer (Fußballtor) von einer Wurflinie ab. Dabei dürfen die Schüler für den Wurf lediglich eine Hand benutzen. Je nachdem welche Zone erreicht wird, unterscheidet sich die Punktzahl.

Klasse	1 Punkt	2 Punkte	3 Punkte
1./2.	8m	12m	über 15m
3./4.	10m	14m	Über 18m
5./6.	12m	18m	Über 25m

Tab.7: Zonenweitwurf

Abb. 9: Zonenweitwurf

Wiederholungen: 4 - 6

Material: Vortex Heuler, Schlagbälle, Tennisbälle, o.ä.,

Punkteschilder,

z.B.: 2 Jugend-Fußballtore als Höhenorientierer

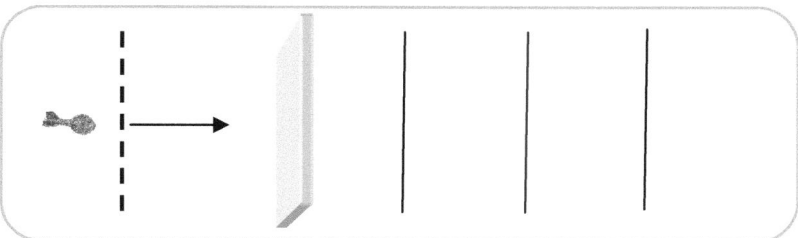

Abb.10: Zonenweitwurf

91

Zonenweitsprung

Ablauf:

Die Schüler springen aus einer Sprungzone in die Weitsprunggrube. Für die erzielte Weite erhalten sie die entsprechende Punktzahl.

Wiederholungen: 4 - 6

Material: Bänder zur Markierung der Zonen

Punkteschilder

Rechen für den Sand

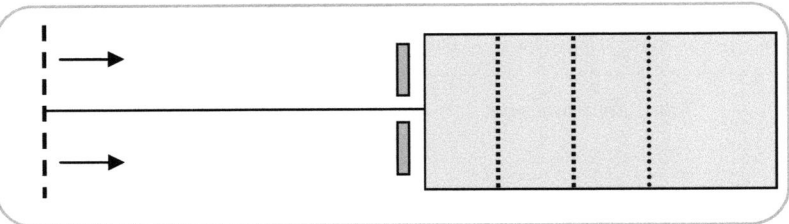

Abb.11: Zonenweitsprung

Hindernisparcours

Ablauf:

Die Schüler sollen einen Hindernisparcours so schnell wie möglich bewältigen. Der Hindernisparcours ist als Rundkurs über 100m angelegt. Über Bananenkisten, durch Reifen und über Schülerhürden wird ein rhythmisches Überqueren von den Teilnehmern abverlangt.

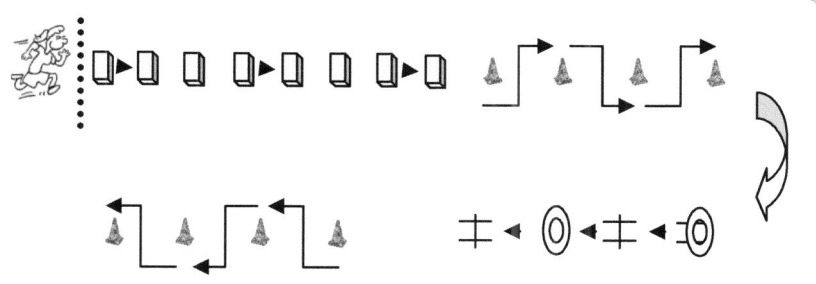

Abb.12, 13 und 14: Hindernisparcours

Wiederholung: 2

Material: Bananenkisten, Softhürden, Fahrradreifen, Hindernisstangen

93

Biathlon

Ablauf:

Die Schüler müssen drei Runden über eine Länge von 100m bewältigen. Es laufen immer vier Schüler gemeinsam. Am Ende jeder Runde befindet sich der „Schießstand". Hier müssen die Teilnehmer versuchen, möglichst alle drei Tennisbälle in drei Versuchen aus ihren Halterungen zu schießen. Für jeden Fehlversuch muss der Teilnehmer gleich im Anschluss an dem Schießstand eine festgelegte Strafrunde mit einer Länge von 20m absolvieren.

Abb.15: Biathlon

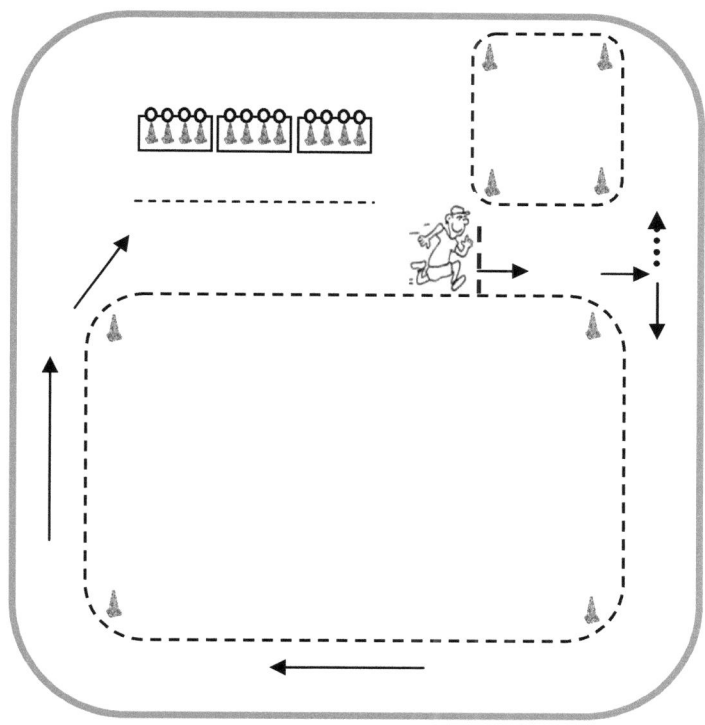

Abb.16: Biathlon

Widerholungen: 2

Material: 12 Tennisbälle, 12 Gymnastikbälle, 12 gr. Pylonen,

        8 Markierungskegel, 2 Tische

Die Sprintstation Wendesprint ist dem Alter der Schüler entsprechend kurz gehalten um die wirkliche Beschleunigungs- und Sprintfähigkeit zu testen. Denn wenn bei Leichtathletikwettkämpfen 100m Distanzen von Schülern als Sprint verlangt werden, zeigt das Ergebnis nicht die Sprintfähigkeit des Kindes, sondern vielmehr die Sprintausdauerleistung. (vgl. Joch, 1996, S.75). Bei dieser Station ist nicht unbedingt das Kind, das am schnellsten geradeaus laufen kann am besten. Durch die Wendemarkierungen wird eine allgemeine Koordinationsfähigkeit abverlangt und geschult (vgl. Dombrowski, 1994, s. 31).

Der Zeitgefühlslauf verlangt von den Teilnehmern ein gutes Tempogefühl. Dieser Lauf ist die kognitiv anspruchsvollste Station, da es an dieser Station darauf ankommt, seine Kräfte gleichmäßig und konzentriert einzusetzen. Speziell an dieser Station haben alle Teilnehmer, egal wie die sportlichen Fähigkeiten ausfallen, die selbe Ausgangsbedingungen, da das optimale Tempo für den Zeitgefühlslauf in einer für jeden leicht zu bewältigenden Geschwindigkeit liegt.

Ähnlich angelegt ist der Zielwurf. Anders als beim Zonenweitwurf ist nicht die Wurfweite entscheidend, sondern eine gewisse Konzentration und Geschicklichkeit.

Der Zonenweitwurf ist je nach Altersstufe in unterschiedliche Weiten gegliedert. Des Weiteren haben die Teilnehmer einen Höhenorientierer zu überwinden, der sie automatisch zum richtigen Abwurfwinkel zwingt. An Stelle von Schlag- oder Tennisbällen werden hier bewusst die Vortex-Heuler oder auch Softrakete genannt als Wurfgeräte eingesetzt, da sie durch ihr Aussehen und den Ton einen Aufforderungscharakter mitbringen.

Beim Zonenweitwurf, wie auch beim Zonensprint ist die Leistungsmessung durch eine Zone nicht nur altersgerechter wie eine exakte Messung in Metern und Zentimetern, sondern bringt auch einen großen Zeitvorteil mit, der sich positiv auf die Wartezeit der Teilnehmer auswirkt. Dadurch können die Schüler im Vergleich zu einem Wettkampf auch mehr Wertungsdurchgänge absolvieren, die sich in der Gesamtbewegungszeit bemerkbar machen.

Der Biathlon und der Hindernisparcours sind zwei kombinierte Stationen. Der Hindernisparcours fordert eine gute Beschleunigungsfähigkeit, Geschicklichkeit, Laufrhythmus und Sprungkraft von den Teilnehmern.

Biathlon ist eine Ausdauerstation. Hier werden von den Teilnehmern Ausdauer- und Wurffähigkeiten abverlangt. Die Teilnehmer müssen je nach Anzahl ihrer Fehlwürfe Zusatzrunden laufen.

Die Altersklassen beim Kids-Cup entsprechen nicht der klassischen Einteilung nach Jahrgängen. Die Altersgruppen sind beim Kids-Cup, nach Klassenstufen eingeteilt.

Kategorie1:	Klasse 1 und 2
Kategorie 2:	Klasse 3 und 4
Kategorie 3:	Klasse 5 und 6

Entgegen eines Leichtathletikwettkampfes wird der Kids-Cup während des Wettbewerbs koedukativ durchgeführt. Folglich sind die Gruppen nur nach den Kategorien getrennt, nicht nach Geschlecht. Die Leistungsunterschiede zwischen Mädchen und Jungen im Kindesalter und in der vorpubertären Phase sind äußerst gering. Große Leistungsunterschiede zwischen den Teilnehmern sind durch andere Faktoren, wie zum Beispiel sportliche Grundfähigkeiten, Größe und Gewicht verursacht.

97

2.6 Literaturempfehlungen zur Planung eines eigenen Wettbewerbs

Bader, R., Chounard, D., Eberle, F., Kromer, R., Mayer, G., (2005). *Leichtathletik in der Schule. Klasse 3 bis Klasse 6. Band 1. Laufen und Sprinten.* Weilheim/Teck: Bräuer

Bader, R., Chounard, D., Eberle, F., Kromer, R., Mayer, G., (2005). *Leichtathletik in der Schule. Klasse 3 bis Klasse 6. Band 2. Springen und Werfen.* Weilheim/Teck: Bräuer

Katzenbogner H. & Medler M. (2005). *Spielleichtathletik. Teil 2 Springen und Wettkämpfen.* 9. Aufl. Flensburg: Sportbuchverlag

Katzenbogner H. & Medler M. (2005). *Spielleichtathletik. Teil 1 Laufen und Werfen.* 9. Aufl. Flensburg: Sportbuchverlag

Vonstein, W. & Massin, D. (2001). *Fun in Athletics. Kinderleichtathletik.* Aachen. Meyer & Meyer

Handbuch der Bundesjugendspiele (2001)
    Erhältlich unter: *www.bundesjugendspiele.de*
Broschüre „Bundesjugendspiele – Echte Feste des Schulsports"
    Gratis unter: *http://www.leichtathletik.de/image.php?AID=24254&VID=0*

2.7 Wertungssystem

Das Wertungssystem muss transparent und einfach aufgebaut sein, damit alle Teilnehmer es selbst nachvollziehen können. Bei allen Stationen gibt es die gleiche Maximalpunktzahl. Auf eine Null-Punkte-Wertung sollte immer bewusst verzichtet werden. Wer sich der Aufgabe an einer Station stellt, erbringt in diesem Moment eine Leistung und erhält beim Kids-Cup pro Wertungsdurchgang mindestens einen Punkt.

KIDS-CUP WERTUNG

Name: _____ Klasse: ☐ 1 / 2 ☐ 3 / 4 ☐ 5 / 6
Gruppe: _____

A Zeitgefühlslauf	Lauf 1	Lauf 2	Lauf 3	Gesamt:	/9 P
B Dart-Wurf	Wurf 1	Wurf 2	Wurf 3	Gesamt:	/9 P
C Wendesprint				Gesamt:	/9 P
D Biathlon				Gesamt:	/9 P
E Heuler-Weitwurf	Wurf 1	Wurf 2	Wurf 3	Gesamt:	/9 P
F Hindernisparcours				Gesamt:	/9 P
				Endergebnis:	/54 P

Tab.8: Wertungszettel Kids-Cup

Die Punktzahl des Teilnehmers wird in jeder Disziplin auf einem Wertungszettel erfasst und am Ende addiert. Bei den Disziplinen mit Zeitnahme wird jeweils der beste Durchgang des Teilnehmers eingetragen.
Seinen Wertungsbogen bekommt jeder Teilnehmer bei der Siegerehrung.

2.8 Material

Die Materialien bei den Stationen sollten auf ihren Kosten-Nutzeneffekt vor der Anschaffung geprüft werden. Kostenlose Materialien mit einem hohen Aufforderungscharakter sind zum Beispiel Tennisbälle, Bananenkisten, verschiedene Hindernisse und alte Fahrradreifen. Nur so gelingt es die Kosten für den Wettbewerb gering zu halten. Aus demselben Grund sollte man bei den restlichen Materialien größtenteils auf in Schule oder Verein vorhandene Geräte zurückgreifen und diese kreativ einsetzen.

2.9 Jugendliche Helfer für einen Schülerwettbewerb

In der Sportpädagogikliteratur hat man sich mit verschiedenen Formen von alternativen Wettbewerben, Sportfesten oder ähnlichem auseinandergesetzt. Dabei wird stets bemängelt, dass solche Wettbewerbe vorwiegend von Lehrern und Eltern geplant und durchgeführt werden. Beim Kids-Cup war von Beginn an das Einbinden von jugendlichen Sportlern in die Vorbereitungen, den Auf- und Abbau, sowie als Helfer an den Stationen ein wichtiges Kriterium.
Die Stationen wurden am Wettbewerbstag in Eigenverantwortung von den jugendlichen Wettkampfsportlern der LSG Aalen (ab 14 Jahre)

gemeinsam mit den Schülern durchgeführt. Dies war auch ein Grundstein der Konzeption des Kids-Cup. Jugendliche Schüler der LSG Aalen, die bereits Wettkampferfahrungen gemacht haben, wurden in die Planungen miteinbezogen. Nach meinen theoretischen Entwürfen habe ich in Zusammenarbeit mit den Jugendlichen und einer Schülerleichtathletikgruppe die Umsetzungen getestet. Auf- und Abbau, sowie Durchführung der sechs Stationen am Wettbewerbstag lag in der Hand der Jugendlichen. Denn es ist wichtig, bei einem Schülerleichtathletikwettbewerb keine Kampfrichter einzusetzen. Der Begriff Kampfrichter sollte nicht verwendet werden, denn ein Kampfrichter ist laut Definition an ein international festgelegtes Regelwerk gebunden. Beim Kids-Cup gab es deshalb ausschließlich Helfer und Ansprechpartner für die Teilnehmer. Da diese trotzdem ein Fachwissen und Begeisterung von dieser Sportart haben sollten, waren die jugendlichen Wettkampfsportler der LSG Aalen hierfür bestens geeignet. Schon Vonstein und Massin sprachen sich dafür aus, dass sich jugendliche Helfer weitaus besser dafür eigenen eine Disziplin vorzuführen als ältere Erwachsene. (vgl. Vonstein & Massin, 2001, S. 76f.). An allen drei Wettkämpfen lag die Anzahl der jugendlichen Helfer bei über 80%. Unterstützt wurden diese durch Eltern der jüngeren Jugendlichen und Trainer des örtlichen Leichtathletikvereins, der LSG Aalen.

2.10 Schulsportanspruch

Nach dem „Testlauf" im Jahr 2007 sollten in den Jahren 2008 und 2009 möglichst viele Kinder aus den Schulen begeistert werden. Damit der Kids-Cup alle Ansprüchen (Schul- und Vereinssport) erfüllt, wurde bei der Erstellung auch der aktuelle Bildungsplan von Baden-Württemberg berücksichtigt. Der Kids-Cup vereint so gut wie alle leichtathletischen Kompetenzen und Inhalte die im Bildungsplan gefordert werden. Folgend einige Beispiele aus dem Bildungsplan der Grundschule in Baden-Württemberg:

a.   *„Kurz, schnell, lang und ausdauernd laufen."*

⇨   Wendesprint, Hindernisparcours, Biathlon

b.   *„Laufen über Hindernisse und mit Zusatzaufgaben."*

⇨   Hindernisparcours und Biathlon

c.   *„Ein Gefühl für Zeitdauer, Tempo, Strecke und Raum entwickeln."*

⇨   Zeitgefühlslauf

d.   *„In die Weite, in die Höhe und über Hindernisse springen."*

⇨   Hindernisparcours, Zonenweitsprung

e.   *„Mit unterschiedlichen Gegenständen weit, hoch, zum Partner, in und auf Ziele werfen."*

⇨   Zonenweitwurf und Zielwurf

f.   *„Mit verschiedenen Wurfgeräten aus dem Stand und aus dem Anlauf weit, hoch auf und in Ziele werfen."*

⇨   Zonenweitwurf und Zielwurf

(Bildungsplan GS BW, 2004, S.114f.)

Um eine Zusammenarbeit zwischen Schule und Verein zu erreichen, muss ein solcher Wettbewerb immer auch auf die Ansprüche der Schule abgestimmt sein. Formern der Zusammenarbeit sind im Rahmen eines Schulsporttages, Schnupperwettbewerbes, Sport-AG, eines Sportprojektes oder der Ganztagesschule realisierbar.

2.11   Auswertung der Teilnehmer

Der Kids-Cup kann jährlich steigende Teilnehmerzahlen aufweisen.
Wichtig ist, dass man das Ziel, mit diesem Wettbewerb jeden Schüler – egal wie sportlich – anzusprechen, nie aus den Augen verliert.
Ab 2008 wurde der Kids-Cup für Schüler von Klasse 1 bis Klasse 6 angeboten. Eine Differenzierung innerhalb der einzelnen Stationen ist unerlässlich, damit die Teilnehmer ihrem Alter entsprechend gefordert sind. Die Differenzierung kann über die Distanz, die Zeit, das Material, die Anzahl der Versuche und viele weitere kleine Änderungen innerhalb der Stationen.
Interessant ist die Zusammensetzung der Teilnehmer. Denn so kann man feststellen, ob es gelungen ist, Kinder aus anderen Sportarten und noch wichtiger, sportferne Kinder, zur Leichtathletik zu bewegen.

	Teilnehmer aus anderen Sportvereinen	Sportferne Schüler (Keine Vereinsmitgliedschaft)
2007	14 %	**20 %**
2008	23 %	**44 %**
2009	21 %	**41 %**

Tab. 9: Zusammensetzung der Teilnehmer beim Kids-Cup

Die Daten aus der Tabelle zeigen, dass es durchaus gelungen ist mit dem Kids-Cup sportferne Schüler anzusprechen, die bisher noch gar keinen Vereinssport betrieben haben. Solche Zahlen erfreuen auch den Leichtathletikverein. Der veranstaltende Leichtathletikverein hat mit einem solchen Wettbewerb auch eine hervorragende Plattform für um in der Öffentlichkeit zu werben und am Veranstaltungstag die Schüler und ihre Eltern über sein Kinderleichtathletikangebot zu informieren.

2.12 Fazit

Bei allen drei Veranstaltungen haben die Teilnehmer den Kids-Cup immer mit einem Lächeln verlassen, welches die größte Bestätigung ist, dass die Kinder mit Freude dabei waren.

Insgesamt kann man sagen, dass der Kids-Cup ein einfacher und trotzdem reizvoller Schülerleichtathletikwettbewerb ist. Er bietet jedem Kind die Möglichkeit erfolgreich teilzunehmen.

Der Kids-Cup versteht sich nicht als unveränderbares und einzig sinnvolles Konzept, vielmehr als zeitgemäße Anregung, Schülern die Attraktivität der Sportart Leichtathletik näher zu bringen.

3. Literaturverzeichnis

Bader, R., Chounard, D., Eberle, F., Kromer, R., Mayer, G., (2005). *Leichtathletik in der Schule. Klasse 3 bis Klasse 6. Band 1. Laufen und Sprinten.* Weilheim/Teck: Bräuer

Bader, R., Chounard, D., Eberle, F., Kromer, R., Mayer, G., (2005). *Leichtathletik in der Schule. Klasse 3 bis Klasse 6. Band 2. Springen und Werfen.* Weilheim/Teck: Bräuer

Balz, E. (1980). Neue Ansätze für eine schulische Leichtathletik. *Sportunterricht* 29 (11)

Balz, E. (1992). Fachdidaktische Konzepte oder: Woran soll sich der Schulsport orientieren? *Sportpädagogik* 16 (2), 13-22

Balz, E. (1994). Warum "Spaß" nicht als Leitidee für den Schulsport taugt. In: *Sportunterricht.* 43 (11), 468 - 471.

Beyer E. (1987). *Wörterbuch der Sprachwissenschaft.* Schorndorf: Hofmann

Bauersfeld, K.H. (1992). *Grundlagen der Leichtathletik. Das Standartwerk für Ausbildung und Praxis.*4.Aufl.Berlin:Sportverlag

Baumann, S., (2002). *Mannschaftspsychologie. Methoden und Techniken.* Bayerischer LSV (Hrsg.). Aachen: Meyer & Meyer

Bollnow. O.-F. (1991). *Vom Geist des Übens.* Stäfa: Rothenhäusler

Bös, K. (1999). Kinder und Jugendliche brauchen Sport. In: Bös, K. & Schott N. (Hrsg.).(1999) *Kinder brauchen Bewegung – Leben mit Turnen, Sport und Spiel,* Hamburg: Feldhaus

Bös, K., Banzer, W. (2007). Ausdauerfähigkeit. In: Bös, K. & Brehm W. (Hrsg.).(2007) *Handbuch Gesundheitssport,* Schorndorf: Hofmann

Bräutigam, M.(1997). *Zukunftsorientierung von Jugendlichen.* In Balz, G. & Neumann (Hrsg.). (1997),. Wie pädagogisch soll Schulsport sein? (S.203-218). Schorndorf: Hofmann

Brockhaus.(2007). *Sport. Sportarten und Regeln, Wettkämpfe und Athleten, Training und Fitness.* 6. Aufl. Mannheim

Bues, M., Kirsch, A., Koch, K. (1967). *Leichtathletischer Mehrkampf bei den Bundes-Jugendspielen.* 2.Aufl. München: Bartels & Wernitz

Claussen, H., Eberle, F., Elias, F. (2001). *Bundesjugendspiele. Handbuch: Wettkampf, Wettbewerb, Mehrkampf.* Deutscher Sportbund. o.O.

Digel, H. (1997). Probleme und Perspektiven der Sportentwicklung – dargestellt am Beispiel der Leichtathletik. Aachen: Meyer & Meyer

Dombrowski, O. (1994). *Leichtathletik mit Grundschulkindern.* 2. Aufl. Aachen: Meyer & Meyer

Eberle, F., (2008,Dezember) *Kennzeichen und Werte der Nachwuchsleichtathletik.* Vortrag auf dem Nikolauslehrgang (Fortbildungsseminar) des Deutschen Leichtathletik Verbandes in Schwäbisch Gmünd.

Fessler, N. (1997). Kooperationen und Partnerschaften von Schule und Verein im Sport. In: Fessler, N. & Zivoli, S. (Hrsg). (1997). *Zusammenarbeit von Schule und Verein im Sport. Programme, Projekte und Perspektiven.* (S.9-12). Schorndorf: Hofmann

Fessler, N. & Zivoli, S. (Hrsg). (1997). *Zusammenarbeit von Schule und Verein im Sport. Programme, Projekte und Perspektiven.* Schorndorf: Hofmann

Frey, G. (1984). Methodische Aspekte der Schulleichtathletik. *Sportunterricht* 33 (6), 205-216

Frey, G. (1990). So schön ist Leichtathletik!?. In: Schiele, W., Eberle, F., Frey, G., Kromer, R. (1990). *Leichtathletik in Schule und Verein auf dem Prüfstand* (S.30-58). Aachen: Meyer & Meyer

Gruppe, O. (1997). Schule und Verein – Partner im Sport? In: Fessler, N. & Zivoli, S. (Hrsg). (1997). *Zusammenarbeit von Schule und Verein im Sport. Programme, Projekte und Perspektiven.* (S.9-12). Schorndorf: Hofmann

Güllich, A., Heß, W.D., Jakobs, K., Lehmann, F., Mäde, U., Müller, F., Oltmanns, K., Schön, R. (2004). *Schüler-Leichtathletik. Offizieller Rahmentrainingsplan des Deutschen Leichtathletik-Verbandes für das Grundlagentraining.* Münster: Philippka-Sportverlag

Horn, A. (2002). *Leibes- und Bewegungserziehung.* Bad Heilbrunn: Klinkhardt.

Horn, A. (2003). Positive Erfahrungen im Sport allein und in der Gemeinschaft – die beste Sucht-Prävention? In: *Sport macht Schule – Kinder stark machen in Verein und Schule* (S.91-100). Gmünder Hochschulreihe Nr. 23

Horn, A. (2009). *Didaktik des Bewegungs- und Sportunterrichts – Theorie und Praxis.* Bad Heilbrunn: Klinkhardt

Hummel, A. (2005). Üben, Trainieren und Belasten – Elemente einer Neuorientierung des Sportunterrichts. *Sportunterricht* 54 (12), 353

Joch, W. (1996). *Rahmentrainingsplan für das Aufbautraining. Grundprinzipien.* 2.Aufl. Meyer&Meyer. Aachen

Katzenbogner, H & Medler M. (1993) a. *Spielleichtathletik Teil 1:Laufen und Werfen..* Neumünster

Katzenbogner, H & Medler M. (1993) b. *Spielleichtathletik Teil 2: Springen und Wettkämpfen.* Neumünster

Katzenbogner, H. (2004). *Kinder-Leichtathletik. Spielerisch und motivierend üben in Schule und Verein.* 2. Aufl. Münster: Philippka-Sportverlag

Katzenbogner H. & Medler M. (2005). *Spielleichtathletik. Teil 2 Springen und Wettkämpfen.* 9. Aufl. Flensburg: Sportbuchverlag

Katzenbogner H. & Medler M. (2005). *Spielleichtathletik. Teil 1 Laufen und Werfen.* 9. Aufl. Flensburg: Sportbuchverlag

Kirsch, A. (1974). *Jugend-Leichtathletik. Ein Lehrbuch für Schule und Verein.* 4.Aufl. Berlin: Bartels & Wernitz

Kosel, H. (1975). Zum Aufmerksamkeitsproblem und seiner Bedeutung im Sport. Vergleichende Untersuchung an Mannschafts- und Idividualsportlern. Köln

Lydiard A. & Gilmour G. (1999). *Mittel- und Langstreckentraining im Jugendbereich.* Meyer & Meyer: Aachen

Meyer, H. (2005). *Was ist guter Unterricht?.* 3.Aufl. Berlin: Cornelsen

Ministerium für Kultus, Jugend und Sport Baden-Württemberg (Hrsg.): *Bildungsplan für die Grundschule.* Lehrplanheft 3/2004. Villingen-Schwenningen: Neckar-Verlag

Moegling, K. (1997). *Zeitgemäßer Sportunterricht. Praxismodelle eines ganzheitlichen Bewegungsunterrichts im Schulsport.* Dortmund: Borgmann

Müller, C. (2000). *Schulsport in den Klassen 1 bis 4. Aspekte einer Schulsportdidaktik für die Grundschule.* Sankt Augustin: Academia

Nothdurft, E., (2009, Februar), *Sport-Motivation-Leistung.* Vortrag zum 100 jährigen Jubiläum des TV Mögglingen in Mögglingen

Prohl R. (1999). *Grundriß der Sportpädagogik.* Wiebelsheim: Limpert

Röthig, P. & Prohl, R. (Hrsg).(2007). *Sportwissenschaftliches Lexikon.* 7. Aufl. Schorndorf: Hofmann

Schawan, A. & Köberle, R. (1997). Vorwort. In: Fessler, N. & Zivoli, S. (Hrsg). (1997). *Zusammenarbeit von Schule und Verein im Sport. Programme, Projekte und Perspektiven.* (S.5).Schorndorf: Hofmann

108

Schiele, W., Eberle, F., Frey, G., Kromer, R. (Hrsg.). (1990). *Leichtathletik in Schule und Verein auf dem Prüfstand.* Aachen

Söll, W. (2008). *Sportunterricht – Sport unterrichten. Ein Handbuch für Sportlehrer.* 7. Aufl. Schorndorf: Hofmann

Thieß.G. & Tschiene, P. (1999) (Hrsg). *Handbuch zur Wettkampflehre.* Aachen. Meyer & Meyer

Vonstein, W. & Massin, D. (2001). *Fun in Athletics. Kinderleichtathletik.* Aachen. Meyer & Meyer

4. Internetquellenverzeichnis

Fuchs, C. (2009, 21. Februar). *DLV plant Bundesschulstaffel-Tag.* Zugriff am 26. März 2009 unter: http://www.deutscher-leichtathletik-verband.de/index.php?NavID=1&SiteID=28&NewsID=21182&IsArchive =1

Gebken, U. (2007, 01. November). Zugriff am 24. März 2009 unter: http://www.bundesjugendspiele.de

Laugsch, B. *Die Geschichte des Deutschen Sportabzeichens.* Zugriff am 28. März 2009 unter: http://www.deutsches-sportabzeichen.de/dsa/das-sportabzeichen/geschichte/

Peters, R. *Jugend trainiert für Olympia.* Zugriff am 26. März 2009 unter: http://www.jtfo.de/jtfo.html

Reuter, M. Quo Vadis – Schulleichtathletik. Zugriff am 17.Februar 2009 unter: http://www.lehrer.uni-karlsruhe.de/~za343/osa/spinfo/Quo%20Vadis%20 Leichtathletik.pdf

Schmitt, P. (2002, 03. Mai). *ratiopharm KIDS´ ATHLETICS TOUR.* Zugriff am 21. März 2009 unter: http://www.leichtathletik.de/index.php?NavID=41&SiteID=28&NewsID=9 03

Wöckel, B. *Jugend trainiert für Olympia - Bundeswettbewerb der Schulen.* Zugriff am 26. März 2009 unter: http://www.leichtathletik.de/index.php?SiteID=93

5. Abbildungsverzeichnis

6. Tabellenverzeichnis

Danksagung

An dieser Stelle möchte ich mich bei allen Personen bedanken die mich bei dieser Arbeit unterstützt haben.

An erster Stelle gilt mein größter Dank dem tollsten Menschen in meinem Leben, meiner Lebensgefährtin **Carolin Forner**, die mich immer bei allem unterstützt.

Danke an **Prof. Dr. Dr. Axel Horn** und **Akad. Rat Jens Keyßner**, die mir von Anfang bis Ende dieser Arbeit zur Seite standen und diese Arbeit begleitet und mitgeprägt haben.

Danke an den Beauftragten für Kinderleichtathletik **Christian Weber**, der für meine Fragen immer ein offenes Ohr hatte.

Danke dem MTV Aalen und dessen Abteilungsleitung durch **Peter Seidel** und **Reinhold Butscheck**, meinen früheren **Trainern** und heutigen **Trainerkollegen** und natürlich den vielen **Athleten** die mich alle in den letzten beiden Jahrzehnten leichtathletisch geprägt haben.

Danke der **LSG Aalen,** vor allem den vielen Helfern und Unterstützern von der **Unterkochener Leichtathletik** und vom **MTV Aalen** bei der Durchführung des Kids-Cup.

Danke an **Andreas Staudenecker** und **Johannes Ebert** für die computertechnische Unterstützung bei der Umsetzung des Kids-Cup.

Danke an **Felicia** und **Christian Schürle,** sowie **Christine Krenz** und **Bennet Melcher** die ich des Öfteren mit Rohfassungen dieser Arbeit geplagt habe.

Danke an meine **Eltern** und mein **Bruder,** meine **Großeltern** und die **Familie Forner** die mich alle immer wunderbar unterstützen.